Tucholsky   Wagner   Zola   Scott   Sydow   Freud   Schlegel
Turgenev   Fonatne   Wallace   Fouqué
Twain   Walther von der Vogelweide   Friedrich II. von Preußen
Weber   Freiligrath   Frey
Fechner   Fichte   Weiße Rose   von Fallersleben   Kant   Ernst   Frommel
Richthofen
Engels   Fielding   Hölderlin   Tacitus   Dumas
Fehrs   Faber   Flaubert   Eichendorff
Feuerbach   Maximilian I. von Habsburg   Fock   Eliasberg   Zweig   Ebner Eschenbach
Ewald   Eliot   Vergil
Goethe   Elisabeth von Österreich   London
Mendelssohn   Balzac   Shakespeare   Ganghofer
Lichtenberg   Rathenau   Dostojewski
Trackl   Stevenson   Doyle   Gjellerup
Mommsen   Tolstoi   Hambruch
Thoma   Lenz   Droste-Hülshoff
Dach   Verne   von Arnim   Hägele   Hanrieder
Karrillon   Reuter   Rousseau   Hagen   Hauff   Humboldt
Garschin   Hauptmann   Gautier
Damaschke   Defoe   Hebbel   Baudelaire
Descartes   Hegel   Kussmaul   Herder
Wolfram von Eschenbach   Schopenhauer
Bronner   Darwin   Dickens   Rilke   George
Melville   Grimm   Jerome
Campe   Horváth   Aristoteles   Bebel   Proust
Bismarck   Vigny   Barlach   Voltaire   Federer   Herodot
Gengenbach   Heine
Storm   Casanova   Tersteegen   Grillparzer   Georgy
Lessing   Gilm
Chamberlain   Langbein   Gryphius
Brentano   Lafontaine
Strachwitz   Claudius   Schiller   Schilling   Kralik   Iffland   Sokrates
Katharina II. von Rußland   Bellamy
Gerstäcker   Raabe   Gibbon   Tschechow
Löns   Hesse   Hoffmann   Gogol   Wilde   Vulpius
Luther   Heym   Hofmannsthal   Gleim
Roth   Klee   Hölty   Morgenstern   Goedicke
Luxemburg   Heyse   Klopstock   Homer   Kleist
La Roche   Puschkin   Mörike   Musil
Machiavelli   Horaz
Navarra   Aurel   Musset   Kierkegaard   Kraft   Kraus
Lamprecht   Kind   Hugo   Moltke
Nestroy   Marie de France   Kirchhoff
Nietzsche   Nansen   Laotse   Ipsen   Liebknecht
Marx   Lassalle   Gorki   Ringelnatz
von Ossietzky   May   Klett   Leibniz
vom Stein   Lawrence   Irving
Petalozzi   Platon   Knigge
Sachs   Pückler   Michelangelo   Kafka
Poe   Kock
de Sade   Praetorius   Liebermann   Korolenko
Mistral   Zetkin

Der Verlag tradition aus Hamburg veröffentlicht in der Reihe **TREDITION CLASSICS** Werke aus mehr als zwei Jahrtausenden. Diese waren zu einem Großteil vergriffen oder nur noch antiquarisch erhältlich.

Symbolfigur für **TREDITION CLASSICS** ist Johannes Gutenberg (1400 — 1468), der Erfinder des Buchdrucks mit Metalllettern und der Druckerpresse.

Mit der Buchreihe **TREDITION CLASSICS** verfolgt tradition das Ziel, tausende Klassiker der Weltliteratur verschiedener Sprachen wieder als gedruckte Bücher aufzulegen – und das weltweit!

Die Buchreihe dient zur Bewahrung der Literatur und Förderung der Kultur. Sie trägt so dazu bei, dass viele tausend Werke nicht in Vergessenheit geraten.

Diderots Versuch über die Malerei

Denis Diderot

Impressum

Autor: Denis Diderot
Übersetzung: Johann Wolfgang von Goethe
Umschlagkonzept: toepferschumann, Berlin

Verlag: tradition GmbH, Hamburg
ISBN: 978-3-8472-3559-0
Printed in Germany

Text der Originalausgabe

Denis Diderot

Diderots Versuch über die Malerei

Übersetzt und mit Anmerkungen begleitet
von
Johann Wolfgang von Goethe

Geständnis des Übersetzers

Woher kommt es wohl, daß man, obgleich dringend aufgefordert, sich doch so ungern entschließt, über eine Materie, die uns geläufig ist, eine zusammenhangende Abhandlung zu schreiben? eine Vorlesung zu entwerfen? Man hat alles wohl überlegt, den Stoff sich vergegenwärtigt, ihn so gut man nur konnte, geordnet, man hat sich aus allen Zerstreuungen zurückgezogen, man nimmt die Feder in die Hand, und noch zaudert man, anzufangen.

In demselbigen Augenblicke tritt ein Freund, vielleicht ein Fremder, unerwartet herein, wir glauben uns gestört, und von unserm Gegenstande hinweggeführt; aber, unvermutet lenkt sich das Gespräch auf denselben, der Ankömmling läßt entweder gleiche Gesinnungen merken, oder er drückt das Gegenteil unserer Überzeugung aus, vielleicht trägt er etwas nur halb und unvollständig vor, das wir besser zu übersehen glauben, oder erhöht unsere eigne Vorstellung, unser eignes Gefühl, durch tiefere Einsicht, durch Leidenschaft für die Sache. Schnell sind alle Stockungen gehoben, wir lassen uns lebhaft ein, wir vernehmen, wir erwidern. Bald gehen die Meinungen gleichen Schrittes, bald durchkreuzen sie sich, das Gespräch schwankt so lange hin und her, kehrt so lange in sich selbst zurück, bis der Kreis durchlaufen und vollendet ist. Man scheidet endlich von einander, mit dem Gefühl, daß man sich für diesmal nichts weiter zu sagen habe.

Aber dadurch wird die Abhandlung, die Vorlesung nicht gefördert. Die Stimmung ist erschöpft, man wünscht, daß ein Geschwindschreiber das vorüberrauschende Gespräch aufgefaßt haben möchte. Man erinnert sich mit Vergnügen der sonderbaren Wendungen des Dialogs, wie, durch Widerspruch und Einstimmung, durch Zweiseitigkeit und Vereinigung, durch Rückwege so wie durch Umwege, das Ganze zuletzt umschrieben und beschränkt worden, und jeder einseitige Vortrag, er sei noch so vollständig, noch so methodisch gefaßt, kommt uns traurig und steif vor.

Daher mag es kommen! Der Mensch ist kein lehrendes, er ist ein lebendes, handelndes und wirkendes Wesen. Nur in Wirkung und Gegenwirkung erfreuen wir uns! und so ist auch diese Übersetzung mit ihren fortdauernden Anmerkungen in guten Tagen entstanden.

Eben als ich in Begriff war, eine allgemeine Einleitung in die bildende Kunst, nach unserer Überzeugung, zu entwerfen, fällt mir Diderots Versuch über die Malerei, zufällig, wieder in die Hände. Ich unterhalte mich mit ihm aufs neue, ich tadle ihn, wenn er sich von dem Wege entfernt, den ich für den rechten halte, ich freue mich, wenn wir wieder zusammentreffen, ich eifre über seine Paradoxe, ich ergötze mich an der Lebhaftigkeit seiner Überblicke, sein Vortrag reißt mich hin, der Streit wird heftig, und ich behalte freilich das letzte Wort, da ich mit einem abgeschiednen Gegner zu tun habe.

Ich komme wieder zu mir selbst! Ich bemerke, daß diese Schrift schon vor dreißig Jahren geschrieben ist, daß die paradoxen Behauptungen vorsätzlich gegen pedantische Manieristen der französischen Schule gerichtet sind, daß ihr Zweck nicht mehr statt findet, und daß diese kleine Schrift mehr einen historischen Ausleger verlangt, als einen Gegner auffordert.

Werde ich aber bald darauf wieder gewahr, daß seine Grundsätze, die er mit eben so viel Geist als rhetorisch sophistischer Kühnheit und Gewandtheit, gelten macht, mehr um die Inhaber und Freunde der alten Form zu beunruhigen, und eine Revolution zu veranlassen, als ein neues Kunstgebäude zu errichten; daß seine Gesinnungen, die nur zu einem Übergang vom Manierierten, Konventionellen, Habituellen, Pedantischen, zum Gefühlten, Begründeten, Wohlgeübten und Liberalen einladen sollten, in der neuern Zeit als theoretische Grundmaximen fortspuken, und sehr willkommen sind, indem sie eine leichtsinnige Praktik begünstigen; dann finde ich meinen Eifer wieder am Platz, ich habe nicht mehr mit dem abgeschiednen Diderot, nicht mit seiner, in gewissem Sinne, schon veralteten Schrift, sondern mit denen zu tun, die jene Revolution der Künste, welche er hauptsächlich mit bewirken half, an ihrem wahren Fortgange hindern, indem sie sich auf der breiten Fläche des Dilettantismus und der Pfuscherei, zwischen Kunst und Natur hinschleifen, und eben so wenig geneigt sind eine gründliche Kenntnis der Natur, als eine gegründete Tätigkeit der Kunst zu befördern.

Möge denn also dieses Gespräch, das auf der Grenze zwischen dem Reiche der Toten und Lebendigen geführt wird, auf seine Wei-

se wirken! und die Gesinnungen und Grundsätze, denen wir erge-
ben sind, bei allen, denen es Ernst ist, befestigen helfen.

Erstes Kapitel

Meine wunderlichen Gedanken über die Zeichnung

> Die Natur macht nichts inkorrektes. Jede Gestalt, sie mag schön oder häßlich sein, hat ihre Ursache, und unter allen existierenden Wesen ist keins, das nicht wäre, wie es sein soll.

Die Natur macht nichts inkonsequentes, jede Gestalt, sie sei schön oder häßlich, hat ihre Ursache, von der sie bestimmt wird, und unter allen organischen Naturen, die wir kennen, ist keine, die nicht wäre, wie sie sein kann.

So müßte man allenfalls den ersten Paragraphen ändern, wenn er etwas heißen sollte. Diderot fängt gleich von Anfang an die Begriffe zu verwirren, damit er künftig, nach seiner Art, Recht behalte. Die Natur ist niemals korrekt! dürfte man eher sagen. Korrektion setzt Regeln voraus, und zwar Regeln, die der Mensch selbst bestimmt, nach Gefühl, Erfahrung, Überzeugung und Wohlgefallen, und darnach mehr den äußern Schein als das innere Dasein eines Geschöpfes beurteilt; die Gesetze hingegen nach denen die Natur wirkt, fordern den strengsten, innern organischen Zusammenhang. Hier sind Wirkungen und Gegenwirkungen, wo man immer die Ursache als Folge und die Folge als Ursache betrachten kann. Wenn eins gegeben ist, so ist das andere unausbleiblich. Die Natur arbeitet auf Leben und Dasein, auf Erhaltung und Fortpflanzung ihres Geschöpfes, unbekümmert ob es schön oder häßlich erscheine. Eine Gestalt, die von Geburt an schön zu sein bestimmt war, kann, durch irgend einen Zufall, in Einem Teile verletzt werden, sogleich leiden andere Teile mit. Denn nun braucht die Natur Kräfte, den verletzten Teil wieder herzustellen, und so wird den übrigen etwas entzogen, wodurch ihre Entwicklung durchaus gestört werden muß. Das Geschöpf wird nicht mehr, was es sein sollte, sondern was es sein *kann*. Nimmt man in diesem Sinne den folgenden Paragraphen, so ist weiter nichts dagegen einzuwenden.

Sehet diese Frau an, die, in der Jugend, ihre Augen verloren hat. Das allmählige Wachstum der Augenhöhle hat die Lider nicht ausgedehnt, sie sind in die Tiefe zurückgetreten, die durch das fehlende Organ entstanden ist, sie haben sich zusammengezogen. Die obern haben die Augenbraunen mit fortgerissen, die untern haben die Wangen ein wenig hinaufgehoben. Die Oberlippe, indem sie dieser Bewegung nachgab, hat sich gleichfalls in die Höhe gezogen, und so sind alle Teile des Gesichts gestört worden, je nachdem sie näher oder weiter von dem Hauptorte des Zufalls entfernt waren. Glaubt ihr aber, daß diese Entstellung sich bloß in das Oval eingeschlossen habe? glaubt ihr, daß der Hals völlig frei geblieben sei? und die Schultern und die Brust? Ja freilich für eure Augen und für die meinen. Aber, ruft die Natur herbei, zeigt ihr diesen Hals, diese Schultern, diese Brust, und sie wird sagen: dies sind Glieder eines Weibes, die ihre Augen in der Jugend verloren hat.

Wendet einen Blick auf diesen Mann, dessen Rücken und Schultern eine erhobene Gestalt angenommen haben. Indessen die Knorpel des Halses vorn auseinander gingen, drückten sich hinten die Wirbelbeine nieder, der Kopf ist zurückgeworfen, die Hände haben sich an den Gelenken des Arms verschoben, die Ellenbogen sich zurückgezogen, alle Glieder haben den gemeinschaftlichen Schwerpunkt gesucht, der einem so verschobenen System zukam; das Gesicht hat darüber einen Zug von Zwang und Mühseligkeit angenommen. Bedeckt diese Gestalt, zeigt der Natur ihre Füße, und die Natur, ohne zu stocken, wird euch antworten: es sind die Füße eines Bucklichten.

Vielleicht scheint manchem die vorstehende Behauptung übertrieben, und doch ist es im schärfsten Sinne wahr: daß die Konsequenz der organisierenden Natur, im gesunden Zustande sowohl als im kranken, über alle unsere Begriffe geht.

Wahrscheinlich hätte ein Meister der Semiotik die beiden Fälle, welche Diderot nur als Dilettant beschreibt, besser dargestellt, doch haben wir ihm hierüber den Krieg nicht zu machen, wir müssen sehen, wozu er seine Beispiele brauchen will.

Wenn die Ursachen und Wirkungen uns völlig anschaulich wären, so hätten wir nichts besseres zu tun, als die Geschöpfe darzustellen, wie sie sind; je vollkommener die Nachahmung wäre, je gemäßer den Ursachen, desto zufriedener würden wir sein.

Hier kommen die Grundsätze Diderots, die wir bestreiten werden, schon einigermaßen zum Vorschein. Die Neigung aller seiner theoretischen Äußerungen geht dahin, Natur und Kunst zu konfundieren, Natur und Kunst völlig zu amalgamieren, unsere Sorge muß sein, beide in ihren Wirkungen getrennt darzustellen. Die Natur organisiert ein lebendiges, gleichgültiges Wesen, der Künstler ein totes, aber ein bedeutendes, die Natur ein wirkliches, der Künstler ein scheinbares. Zu den Werken der Natur muß der Beschauer erst Bedeutsamkeit, Gefühl, Gedanken, Effekt, Wirkung auf das Gemüt selbst hinbringen, im Kunstwerke will und muß er das alles schon finden. Eine vollkommne Nachahmung der Natur ist in keinem Sinne möglich, der Künstler ist nur zur Darstellung der Oberfläche einer Erscheinung berufen. Das Äußere des Gefäßes, das lebendige Ganze, das zu allen unsern geistigen und sinnlichen Kräften spricht, unser Verlangen reizt, unsern Geist erhebt, dessen Besitz uns glücklich macht, das Lebevolle, Kräftige, Ausgebildete, Schöne, dahin ist der Künstler angewiesen.

Auf einem ganz andern Wege muß der Naturbetrachter gehn. Er muß das Ganze trennen, die Oberfläche durchdringen, die Schönheit zerstören, das Notwendige kennen lernen, und, wenn er es fähig ist, die Labyrinthe des organischen Baues, wie dem Grundriß eines Irrgartens, in dessen Krümmungen sich so viele Spaziergänger abmüden, vor seiner Seele fest halten.

Der lebendig genießende Mensch, so wie der Künstler, fühlt, wie billig, ein Grauen, wenn er in die Tiefen blickt, in welchen der Naturforscher, als in seinem Vaterlande, herum wandelt, dagegen hat der reine Naturforscher wenig Respekt vor dem Künstler, er sieht ihn nur als Werkzeug an, um Beobachtungen zu fixieren und der Welt mitzuteilen; den genießenden Menschen hingegen betrachtet er gar als ein Kind, das mit Wonne das schmackhafte Fleisch des Pfirsigs verzehrt, und den Schatz der Frucht, den Zweck der Natur, den fruchtbaren Kern nicht achtet und hinwegwirft.

So stehen Natur und Kunst, Kenntnis und Genuß gegen einander, ohne sich wechselweise aufzuheben, aber ohne sonderliches Verhältnis.

Sehen wir nun die Worte unseres Autors genau an, so verlangt er eigentlich vom Künstler, daß er für Physiologie und Pathologie arbeiten solle, eine Aufgabe, die das Genie wohl schwerlich übernehmen würde.

Nicht besser ist der folgende Periode, ja noch schlimmer, denn diese leidige, groß und schwerköpfige, kurzbeinige, grobfüßige

Figur würde man wohl schwerlich in einem Kunstwerke dulden, wenn sie auch noch so organisch konsequent wäre. Überdies kann sie auch der Physiolog nicht brauchen, denn sie stellt die menschliche Gestalt nicht im Durchschnitte vor; der Patholog eben so wenig, denn sie ist nicht krankhaft, noch monstros, sondern nur schlecht und abgeschmackt.

Wunderlicher, trefflicher Diderot, warum wolltest du deine großen Geisteskräfte lieber brauchen, um durcheinander zu werfen, als zu recht zu stellen? Sind denn die Menschen, die sich, ohne Grundsätze, in der Erfahrung abmüden, nicht ohnehin schon übel genug dran.

Ob wir nun gleich die Wirkungen und Ursachen des organischen Baues nicht kennen, und aus eben dieser Unwissenheit uns an konventionelle Regeln gebunden haben, so würde doch ein Künstler, der diese Regeln vernachlässigte, und sich an eine genaue Nachahmung der Natur hielte, oft wegen zu großer Füße, kurzer Beine, geschwollener Knie, lästiger und schwerer Köpfe entschuldigt werden müssen.

Zu Anfang des vorstehenden Perioden legt der Verfasser schon seine sophistischen Schlingen, die er hinter her fester zuziehen will. Er sagt: wir kennen die Art nicht, wie die Natur bei der Organisation verfährt, und wir sind deswegen über gewisse Regeln überein gekommen, mit denen wir uns behelfen, und nach denen wir uns, in Ermanglung einer bessern Einsicht, zu richten pflegen. Hier ist es, wo sich gleich unser Widerspruch laut erheben muß.

Ob wir die Gesetze der organisierenden Natur kennen oder nicht, ob wir sie besser kennen als vor dreißig Jahren, da unser Gegner schrieb, ob wir sie künftig besser kennen werden, wie tief wir in ihre Geheimnisse dringen können? darnach hat der bildende Künstler kaum zu fragen. Seine Kraft besteht im Anschauen, im Auffassen eines bedeutenden Ganzen, im Gewahrwerden der Teile, im Gefühl daß eine Kenntnis die durchs Studium erlangt wird, nötig sei, und besonders im Gefühl was denn eigentlich für eine Kenntnis, die durchs Studium erlangt wird, nötig sei; damit er sich nicht zuweit aus seinem Kreise entferne, damit er das Unnötige nicht aufnehme und das Nötige versäume.

Ein solcher Künstler, eine Nation, ein Jahrhundert solcher Künstler, bilden durch Beispiel und Lehre nachdem die Kunst sich lange empirisch fortgeholfen hat, endlich die Regeln der Kunst. Aus ihrem Geiste und ihrer Hand entstehen Proportionen, Formen, Gestalten, wozu ihnen die bildende Natur den Stoff darreichte; sie konvenieren nicht über dies und jenes, das aber anders sein könnte, sie reden nicht mit einander ab, etwas ungeschicktes für das Rechte gelten zu lassen, sondern sie bilden zuletzt die Regeln aus sich selbst, nach Kunstgesetzen, die eben so wahr in der Natur des bildenden Genius liegen, als die große allgemeine Natur die organischen Gesetze ewig tätig bewahrt.

Es ist hier gar die Frage nicht, auf welchem Raum der Erde? unter welcher Nation? zu welcher Zeit? man diese Regeln entdeckt und befolgt habe. Es ist die Frage nicht, ob man an andern Orten, zu andern Zeiten, unter andern Umständen davon abgewichen sei? ob man hie und da etwas Konventionelles dem Gesetzmäßigen substituiert habe? Ja es ist nicht einmal die Frage, ob die echten Regeln jemals gefunden oder befolgt worden sind? sondern man muß kühn behaupten, daß sie gefunden werden müssen, und *daß,* wenn wir sie dem Genie nicht vorschreiben können, wir sie von dem Genie zu empfangen haben, das sich selbst in seiner höchsten Ausbildung fühlt, und seinen Wirkungskreis nicht verkennt.

Was sollen wir aber zu dem folgenden Perioden sagen? Er enthält eine Wahrheit, aber eine überflüssige; sie ist paradox hingestellt, um uns auf Paradoxe vorzubereiten.

Eine krumme Nase beleidigt nicht in der Natur, weil alles zusammenhängt, man wird auf diesen Umstand durch kleine nachbarliche Veränderungen geführt, die ihn einleiten, und erträglich machen. Verdrehte man dem Antinous die Nase, indem das übrige an seinem Platze bliebe, so würde es übel aussehen. Warum? Antinous hat alsdann keine krumme, er hat eine zerbrochne Nase.

Wir dürfen wohl nochmals fragen: was soll das hier bedeuten? was beweisen? und warum wird hier Antinous gebraucht? Jedes wohlgebildete Gesicht wird entstellt, wenn man die Nase auf die Seite biegt, und warum? weil die Symmetrie gestört wird, auf welcher die gute Bildung des Menschen beruht. Von einem Gesichte, das im Ganzen verschoben ist, dergestalt, daß man gar keine Foderung einer symmetrischen Stellung der Teile an dasselbe macht, sollte gar nicht die Rede sein, wenn man auch von Kunst nur zum Scherz spräche.

Bedeutender ist folgende Periode, hier geht der Sophist schon mit vollen Segeln.

Wir sagen von einem Menschen, den wir vorbei gehen sehen, er sei übel gemacht. Ja nach unsern armen Regeln; aber nach der Natur beurteilt, wird es anders klingen. Wir sagen von einer Statue: sie habe die schönsten Proportionen. Ja nach unsern armen Regeln, aber was würde die Natur sagen.

Mannigfaltig ist die Komplikation des Halben, Schiefen und Falschen in diesen wenigen Worten. Hier ist wieder die Lebenswirkung der organischen Natur, die sich in allen Störungsfällen, obgleich oft kümmerlich genug, in ein gewisses Gleichgewicht zu setzen weiß, und dadurch ihre lebendige, produktive Realität auf das kräftigste beweist, der vollendeten Kunst entgegengesetzt, die auf ihrem höchsten Gipfel keine Ansprüche auf lebendige, produktive und reproduktive Realität macht, sondern die Natur auf dem würdigsten Punkte ihrer Erscheinung ergreift, ihr die Schönheit der Proportionen ablernt, um sie ihr selbst wieder vorzuschreiben.

Die Kunst übernimmt nicht mit der Natur, in ihrer Breite und Tiefe, zu wetteifern, sie hält sich an die Oberfläche der natürlichen Erscheinungen; aber sie hat ihre eigne Tiefe, ihre eigne Gewalt; sie fixiert die höchsten Momente dieser oberflächlichen Erscheinungen, indem sie das Gesetzliche darin anerkennt, die Vollkommenheit der zweckmäßigen Proportion, den Gipfel der Schönheit, die Würde der Bedeutung, die Höhe der Leidenschaft.

Die Natur scheint um ihrer selbst willen zu wirken, der Künstler wirkt als Mensch, um des Menschen willen. Aus dem, was uns die Natur darbietet, lesen wir uns, im Leben, das Wünschenswerte, das Genießbare nur kümmerlich aus; was der Künstler dem Menschen entgegen bringt, soll alles den Sinnen faßlich und angenehm, alles aufreizend und anlockend, alles genießbar und befriedigend, alles für den Geist nährend, bildend und erhebend sein, und so gibt der Künstler, dankbar gegen die Natur, die auch ihn hervorbrachte, ihr eine zweite Natur, aber eine gefühlte, eine gedachte, eine menschlich vollendete zurück.

Soll dieses aber geschehen, so muß das Genie, der berufne Künstler, nach Gesetzen, nach Regeln handeln, die ihm die Natur selbst vorschrieb, die ihr nicht widersprechen, die sein größter Reichtum sind, weil er dadurch sowohl den großen Reichtum der Natur als den Reichtum seines Gemüts beherrschen und brauchen lernt.

Es sei mir erlaubt den Schleier von meinem Bucklichen auf die medicäische Venus überzutragen, so daß man nur die Spitze ihres Fußes gewahr werde. Übernähme nun die Natur zu dieser Fußspitze eine Figur auszubilden, so würdet ihr vielleicht, mit Verwunderung, unter ihrem Griffel ein häßliches und verschobenes Ungeheuer entstehen sehen; mich aber würde es wundern, wenn das Gegenteil geschähe.

Der falsche Weg, den unser Freund und Gegner mit den ersten Schritten eingeschlagen, vor dem wir bisher zu warnen suchten, zeigt sich nun hier in seiner völligen Ablenkung.

Was uns betrifft, so haben wir viel zu große Ehrfurcht vor der Natur, als daß wir ihre personifizierte, göttliche Gestalt für so täppisch halten sollten, in die Schlingen eines Sophisten einzugehen, und, um seinen Scheingründen einiges Gewicht zu verschaffen, mit ihrer nie abirrenden Hand, eine Fratze zu entwerfen. Sie wird vielmehr, wie das Orakel jene verfängliche Frage: ob der Sperling lebendig oder tot sei? hier auch diese ungeschickte Zumutung beschämen.

Sie tritt vor das verschleierte Bild, sieht die Fußspitze und vernimmt warum der Sophist sie aufgerufen hat. Streng; aber ohne Unwillen ruft sie ihm zu: du versuchst mich vergebens durch eine verfängliche Zweideutigkeit! Laß den Schleier hängen, oder hebe ihn weg, ich weiß, was drunter verborgen ist. Ich habe diese Fußspitze selbst gemacht, denn ich lehrte den Künstler, der sie bildete; ich gab ihm den Begriff vom Charakter einer Gestalt, und aus diesem Begriff sind diese Proportionen, diese Formen entstanden; es ist genug, daß diese Fußspitze zu dieser, und zu keiner andern Statue passe, daß dieses Kunstwerk, das du mir zum größten Teil zu verbergen glaubst, mit sich selbst, in Übereinstimmung sei. Ich sage dir: diese Fußspitze gehört einem schönen, zarten, schamhaften Weibe, die in der Blüte ihrer Jugend steht! Auf einem andern Fuße würde die würdigste der Frauen, die Götterkönigin ruhen, auf einem andern eine leichtsinnige Bachantin schweben. Doch dieses merke: der Fuß ist von Marmor, er verlangt nicht zu gehen, und so ist der Körper auch, er verlangt nicht zu leben. Hatte dieser Künstler etwa die törige Forderung, seinen Fuß neben einen organischen zu stellen? dann verdient er die Demütigung, die du ihm zudenkst; aber du hast ihn nicht gekannt, oder ihn mißverstanden, kein echter Künstler verlangt sein Werk neben ein Naturprodukt, oder gar an dessen Stelle zu setzen; der es täte, wäre wie ein Mittelgeschöpf, aus dem Reiche der Kunst zu verstoßen, und im Reiche der Natur nicht aufzunehmen.

Dem Dichter kann man wohl verzeihen, wenn er, um eine interessante Situation in der Phantasie zu erregen, seinen Bildhauer in eine selbsthervorgebrachte Statue wirklich verliebt denkt, wenn er ihm Begierden zu derselben andichtet, wenn er sie endlich in seinen Armen erweichen läßt. Das gibt wohl ein lüsternes Geschichtchen, das sich ganz artig anhört; für den bildenden Künstler bleibt es ein unwürdiges Märchen. Die Tradition sagt: daß brutale Menschen gegen plastische Meisterwerke von sinnlichen Begierden entzündet wurden; die Liebe eines hohen Künstlers aber zu seinem trefflichen Werk ist ganz anderer Art; sie gleicht der frommen, heiligen Liebe unter Blutsverwandten und Freunden. Hätte Pygmalion seiner Statue begehren können, so wäre er ein Pfuscher gewesen, unfähig eine Gestalt hervorzubringen, die verdient hätte, als Kunstwerk oder als Naturwerk geschätzt zu werden.

Verzeihe, o Leser und Zuhörer, wenn unsere Göttin weitläufiger, als es einem Orakel geziemt, gesprochen hat. Einen verworrenen Knaul kann man dir bequem auf einmal in die Hand geben; um ihn zu entwirren aber, um ihn dir als einen reinen Faden in seiner Länge zu zeigen, braucht es Zeit und Raum.

Eine menschliche Figur ist ein System so mannigfaltig zusammengesetzt, daß die Folgen einer, in ihren Anfängen unmerklichen, Inkonsequenz, das vollkommenste Kunstwerk auf tausend Meilen von der Natur wegwerfen müssen.

Ja! der Künstler verdiente diese Demütigung, daß man ihm sein vollkommenstes Kunstwerk, die Frucht seines Geistes, seines Fleißes, seiner Mühe unendlich herabwürdigte, gegen ein Naturprodukt herabsetzte, wenn er es neben, oder an die Stelle eines Naturprodukts hätte setzen wollen.

Mit Fleiß wiederholen wir die Worte unserer supponierten Göttin, weil unser Gegner sich auch wiederholt, und weil gerade dieses Vermischen von Natur und Kunst die Hauptkrankheit ist, an der unsere Zeit darnieder liegt. Der Künstler muß den Kreis seiner Kräfte kennen, er muß innerhalb der Natur sich ein Reich bilden; er hört aber auf ein Künstler zu sein, wenn er mit in die Natur verfließen, sich in ihr auflösen will.

Wir wenden uns abermals zu unserem Autor, der eine geschickte Wendung nimmt, um von seinen seltsamen Seitenwegen zu dem Wahren und Richtigen allmählig zurückzukehren.

Wenn ich in die Geheimnisse der Kunst eingeweiht wäre, so wüßte ich vielleicht, wie weit der Künstler sich den angenommenen Proportionen unterwerfen soll; und ich würde es euch sagen.

Wenn es der Fall sein kann, daß der Künstler sich Proportionen unterwerfen soll, so müssen diese doch etwas Nötigendes, etwas Gesetzliches haben, sie dörfen nicht willkürlich angenommen sein, sondern die Masse der Künstler muß hinreichende Ursache, bei Beobachtung der natürlichen Gestalten und in Rücksicht auf Kunstbedürfnis gefunden haben, sie anzunehmen. Das ists, was wir behaupten, und wir sind schon zufrieden, daß unser Verfasser es einigermaßen zugesteht. Nur geht er leider zu geschwind über das, was Gesetzlich sein soll, hinaus, er lehnt es bei Seite, um uns auf einzelne Bedingungen und Bestimmungen, auf Ausnahmen zu leiten, und aufmerksam zu machen, denn er fährt fort:

Aber das weiß ich, daß sie gegen den Despotismus der Natur sich nicht halten können; daß das Alter, der Zustand auf hunderterlei Art Aufofferungen bewirken.

Dies ist keineswegs ein Gegensatz gegen das, was wir behauptet haben. Eben weil der Künstlergeist sich erhoben hat, den Menschen auf der Höhe seiner Gestalt und übrigens ohne Bedingung zu betrachten, dadurch sind ja die Proportionen entstanden. Niemand wird die Ausnahmen leugnen, wenn man sie gleich erst bei Seite setzen muß, wer würde eine Physiologie durch pathologische Noten zu entkräften glauben.

Ich habe niemals gehört, daß man eine Figur übel gezeichnet nenne, wenn sie ihre äußere Organisation deutlich sehen läßt, wenn das Alter, die

Gewohnheit und die Leichtigkeit tägliche Beschäftigungen auszuüben, wohl ausgedruckt ist.

Wenn eine Figur ihre äußere Organisation deutlich sehen läßt, und die übrigen Bedingungen erfüllt, die hier gefordert werden; so hat sie gewiß, wo nicht schöne, doch charakteristische Proportionen und kann in einem Kunstwerke gar wohl ihre Stelle finden.

Diese Beschäftigungen bestimmen die vollkommene Größe der Figur, die Proportion jedes Gliedes und des Ganzen; daher sehe ich das Kind entspringen, den erwachsnen Mann und den Greis; den wilden, so wie den gebildeten Menschen, den Geschäftsmann, den Soldaten und den Lastträger.

Niemand wird leugnen, daß Funktionen großen Einfluß auf die Ausbildung der Glieder haben, aber die Fähigkeit zu diesem oder jenem Zweck ausgebildet zu werden, muß zum Grunde liegen. Alle Beschäftigung der Welt wird keinen Schwächling zu einem Lastträger machen. Die Natur muß das ihrige getan haben, wenn die Erziehung gelingen soll.

Wenn eine Figur schwer zu erfinden wäre, so müßte es ein Mensch von zwanzig Jahren sein, der schnell, auf einmal, aus der Erde entstanden wäre, und nichts getan hätte; aber dieser Mensch ist eine Chimäre.

Dieser Behauptung kann man nicht gerade zu widersprechen, und doch muß man sich gegen das Captiose, das in ihr liegt, verwahren. Freilich lassen sich keine Glieder eines Erwachsenen denken, die sich ohne Übung, in einer absoluten Ruhe, ausgebildet hätten, und doch denkt sich der Künstler, indem er seinen Idealen nachstrebt, einen menschlichen Körper, welcher, durch die mäßigste Übung, zu seiner größten Ausbildung gekommen ist; allen Begriff von Mühe, von Anstrengung, von Ausbildung zu einem gewissen Zweck und Charakter muß er ablenken. Eine solche Gestalt, die auf wahren Proportionen ruht, kann gar wohl von der Kunst hervorgebracht werden, und ist alsdenn keineswegs eine Chimäre, sondern ein Ideal.

Die Kindheit ist beinahe eine Karikatur, dasselbe kann man von dem Alter sagen; das Kind ist eine unförmige, flüssige Masse, die sich zu entwickeln strebt, so wie der Greis eine ungestaltete und trockne Masse wird, die in sich selbst zurückkehrt, um sich nach und nach auf nichts zu reduzieren.

Wir stimmen mit dem Verfasser völlig überein, daß Kindheit und hohes Alter aus dem Bezirk der schönen Kunst zu verbannen sind. In so fern der Künstler auf Charakter arbeitet, mag er auch einen Versuch machen, diese zu wenig oder zu viel entwickelte Naturen in den Zyklus schöner und bedeutender Kunst aufzunehmen.

Nur in dem Zwischenraum der beiden Alter, vom Anfang der vollkommenen Jugend bis zum Ende der Mannheit, unterwirft der Künstler seine Gestalten der Reinheit, der strengen Genauigkeit der Zeichnung, da ist es, wo das poco piu und poco meno, eine Abweichung hinein oder heraus, Fehler oder Schönheiten hervorbringen.

Nur äußerst kurze Zeit kann der menschliche Körper schön genannt werden, und wir würden, im strengen Sinne, die Epoche noch viel enger als unser Verfasser begrenzen. Der Augenblick der Pubertät ist für beide Geschlechter der Augenblick, in welchem die Gestalt der höchsten Schönheit fähig ist; aber man darf wohl sagen: es ist nur ein Augenblick! die Begattung und Fortpflanzung kostet dem Schmetterlinge das Leben, dem Menschen die Schönheit, und hier liegt einer der größten Vorteile der Kunst, daß sie dasjenige dichterisch bilden darf, was der Natur unmöglich ist, wirklich aufzustellen. So wie die Kunst Zentauren erschafft, so kann sie uns auch jungfräuliche Mütter vorlügen, ja es ist ihre Pflicht. Die Matrone Niobe, Mutter von vielen erwachsnen Kindern, ist mit dem ersten Reiz jungfräulicher Brüste gebildet. Ja in der weisen Vereinigung dieser Widersprüche, ruht die ewige Jugend, welche die Alten ihren Gottheiten zu geben wußten.

Hier sind wir also mit unserm Verfasser völlig einig. Bei schönen Proportionen, bei schönen Formen ist allein das zarte *Mehr* oder *Weniger* bedeutend. Das Schöne ist ein enger Kreis, in dem man sich nur bescheiden regen darf.

Wir lassen uns von unserm Autor weiter führen, er bringt uns durch einen leichten Übergang auf eine bedeutende Stelle.

Aber, werdet ihr sagen, wie sich auch das Alter und die Funktionen (v)erhalten mögen, indem sie die Formen verändern, zerstören sie doch die Organe nicht – das gebe ich zu – so muß man sie also kennen? – das will ich nicht leugnen. Ja, hier ist die Ursache, warum man die Anatomie zu studieren hat.

Das Studium des Muskelmanns hat ohne Zweifel seine Vorteile, aber sollte nicht zu fürchten sein, daß dieser Geschundne beständig in der Einbildungskraft bleiben, daß der Künstler auf der Eitelkeit beharren werde, sich immer gelehrt zu zeigen, daß sein verwöhntes Auge nicht mehr auf der Oberfläche verweilen könne, daß er, ohngeachtet der Haut und des Fettes, immer nur den Muskel sehe, seinen Ursprung, seine Befestigung, sein Einschmiegen! wird er nicht alles zu stark ausdrücken? wird er nicht hart und trocken arbeiten? werde ich nicht den verwünschten Geschundnen auch in Weiberfiguren wieder finden?

Weil ich denn doch einmal nur das Äußere zu zeigen habe, so wünschte ich, man lehrte mich das Äußere nur recht gut sehen, und erließe mir eine gefährliche Kenntnis, die ich vergessen soll.

Dergleichen Grundsätze darf man jungen und leichtgesinnten Künstlern nur merken lassen, sie werden sich über eine Autorität freuen, die völlig wie aus ihrer Seele spricht. Nein, werter Diderot! drücke dich, da dir die Sprache so zu Gewalt steht, bestimmter aus. Ja, das Äußere soll der Künstler darstellen! Aber was ist das Äußere einer organischen Natur anders, als die ewig veränderte Erscheinung des Innern. Dieses Äußere, diese Oberfläche ist einem mannigfaltigen, verwickelten, zarten, innern Bau so genau angepaßt, daß sie dadurch selbst ein Inneres wird, indem beide Bestimmungen, die äußere und die innere, im ruhigsten Dasein, so wie in der stärksten Bewegung stets im unmittelbarsten Verhältnisse stehen.

Wie diese innere Kenntnis erreicht werde, nach welcher Methode der Künstler Anatomie studieren soll, damit sie ihm nicht den Schaden bringe, den Diderot richtig schildert, ist hier der Ort nicht, auszumachen; aber so viel kann man im Allgemeinen sagen: du sollst den Leichnam, an dem du die Muskeln kennen lerntest, beleben, nicht vergessen. Der musikalische Komponist wird, bei dem Enthusiasmus seiner melodischen Arbeiten, den Generalbaß, der Dichter das Sylbenmaß nicht vergessen.

Die Gesetze, nach denen der Künstler arbeitet, vergißt er so wenig, als den Stoff den er behandeln will. Dein Muskelmann ist Stoff und Gesetz, dieses mußt du mit Bequemlichkeit befolgen, jenen mit Leichtigkeit zu beherrschen wissen! und willst du wahrhaft wohltätig gegen deine Schüler sein; so hüte sie für unnützen Kenntnissen und für falschen Maximen, denn es hält schwer, das Unnütze weg-zuwerfen, so wie eine falsche Richtung zu verändern.

Man studiert die Muskeln am Leichnam nur deshalb, sagt man, damit man lerne, wie man die Natur ansehen soll, aber die Erfahrung lehrt, daß man, nach diesem Studio, gar viel Mühe hat, die Natur nicht anders zu sehen, als sie ist.

Auch diese Behauptung beruht nur auf schwankend gebrauchten Worten. Der Künstler, der an der Oberfläche nur herumkrabelt, wird dem geübten Auge immer leer, obgleich, bei schönem Talente, immer angenehm erscheinen; der Künstler der sich ums Innere bekümmert, wird freilich auch das sehen, was er weiß, er wird, wenn man will, sein Wissen auf die Oberfläche übertragen, und hier ist auch das geringe *Mehr* oder *Weniger*, welches entscheidet, ob er wohl, oder übel tut.

Hat nun bisher unser Freund und Gegner das Studium der Anatomie verdächtig gemacht, so zieht er nun gleichfalls gegen das akademische Studium des Nackten zu Felde. Hier hat er es eigentlich mit den Pariser akademischen Anstalten, und ihrer Pedanterei zu tun, die wir denn nicht in Schutz nehmen wollen. Auch zu diesem Punkte bewegt er sich durch einen raschen Übergang.

Ihr, mein Freund, werdet diesen Aufsatz allein lesen, und darum darf ich schreiben, was mir beliebt. Die sieben Jahre, die man bei der Akademie zubringt, um nach dem Modell zu zeichnen, glaubt ihr die gut angewen-det? und wollt ihr wissen, was ich davon denke? Eben während diesen sieben mühseligen und grausamen Jahren, nimmt man in der Zeichnung eine Manier an; alle diese akademischen Stellungen, gezwungen, zugerich-tet, zurechtgerückt, wie sie sind, alle die Handlungen, die kalt und schief, durch einen armen Teufel, ausgedrückt werden, und immer durch eben-denselben armen Teufel, der gedungen ist, dreimal die Woche zu kommen, sich auszukleiden, und sich durch den Professor, wie eine Gliederpuppe behandeln zu lassen, was haben sie mit den Stellungen und Bewegungen der Natur gemein? der Mann, der in eurem Hofe Wasser aus dem Brun-nen zieht, wird er durch jenen richtig vorgestellt, der nicht dieselbe Last zu bewegen hat und, mit zwei Armen in der Höhe auf dem Schulgerüst, diese Handlung ungeschickt simuliert. Wie verhält sich der Mensch, der vor der Schule zu sterben scheint, zu dem, der in seinem Bette stirbt, oder den man auf der Straße totschlägt? Was für ein Verhältnis hat der Ringer in der Akademie zu dem auf meiner Kreuzstraße? welches der Mann, der auf

Befehl bittet, bettelt, schläft, nachdenkt und in Ohnmacht fällt, zu dem Bauer, der für Müdigkeit sich auf die Erde streckt, zu dem Philosophen, der neben seinem Feuer nachdenkt, zu dem gedrängten, erstickten Mann, der unter der Menge in Ohnmacht fällt? gar keins! mein Freund, gar keins!

Von dem Modelle gilt im Allgemeinen, was von dem Muskelkörper vorhin gesagt worden. Das Studium des Modells und die Nachbildung desselben ist Teils eine Stufe, die der Künstler zwar nicht überspringen kann, worauf er aber nicht zu lange verweilen sollte, teils ist es eine Beihülfe bei Ausführung seiner Werke, die er, selbst als vollendeter Künstler, nicht entbehren kann. Das lebendige Modell ist für den Künstler nur ein roher Stoff, von dem er sich nicht muß einschränken lassen, sondern den er zu verarbeiten trachten muß.

Die übeln Wirkungen, die unser Freund von dem, freilich ewigen, Studium des Modells in der Akademie gesehen, verdrießen ihn so sehr, daß er fortfährt.

Eben so gut möchte man die Künstler, um ja das Abgeschmackte zu vollenden, wenn man sie dort entläßt, zu Vestris, oder Gardel, oder zu irgend einem andern Tanzmeister schicken, damit sie da die Grazie lernen. Denn wahrlich, die Natur wird ganz vergessen, die Einbildungskraft füllt sich mit Handlungen, Stellungen, mit Figuren, die nicht falscher, zugeschnittner, lächerlicher und kälter sein könnten. Da stecken sie im Magazin, und nun kommen sie heraus, um sich ans Tuch zu hängen. So oft der Künstler seinen Stift, oder seine Feder nimmt, erwachen diese verdrießlichen Gespenster, und treten vor ihn, er wird sie nicht los, und nur ein Wunder kann sie aus seinem Kopfe verjagen. Ich kannte einen jungen Menschen, voll Geschmack, der, ehe er den mindesten Zug auf die Leinwand tat, Gott auf seinen Knien anrief und vom Modell befreit zu werden bat. Wie selten ist es gegenwärtig ein Gemälde zu sehen, das aus einer gewissen Anzahl Figuren besteht, ohne, hie und da, einige dieser Figuren, Stellungen, Handlungen und Bewegungen zu finden, die akademisch sind, einem Mann von Geschmack unerträglich mißfallen, und nur denen imponieren, welchen die Wahrheit fremd ist. Daran ist denn doch das ewige Studium des Schulmodelles schuld.

Nicht in der Schule lernt man die allgemeine Übereinstimmung der Bewegungen, die Übereinstimmung die man sieht und fühlt, die sich vom Haupt bis zu den Füßen ausbreitet und schlängelt. Wenn eine Frau nach-

denklich den Kopf sinken läßt, so werden alle Glieder zugleich der Schwere gehorchen, sie hebe den Kopf wieder auf, und halte ihn gerade, sogleich gehorcht die ganze übrige Maschine.

Durch die Behandlung bei der französischen Akademie, wobei man die Stellungen vervielfältigen mußte, entfernte man sich von dem ersten Zweck des Modells den Körper physisch kennen zu lernen, und um der Mannigfaltigkeit willen wählte man auch Stellungen, die Gemütsbewegungen auszudrucken. Da denn unser Freund freilich ganz im Vorteil steht, wenn er diese erzwungenen und falschen Darstellungen gegen den natürlichen Ausdruck hält, den man auf der Straße, in der Kirche, unter jeder Volksmenge beobachten kann, er kann sich des Spottens nicht enthalten.

Freilich ist es eine Kunst, eine große Kunst das Modell zu stellen, man darf nur sehen, was der Herr Professor sich darauf zu gute tut. Fürchtet nicht, daß er etwa zu dem armen, gedungenen Teufel sagen könnte: mein Freund stelle dich selbst! mache was du willst! viel lieber gibt er ihm eine sonderbare Bewegung, als daß er ihn eine einfache und natürliche nehmen ließe. Indessen ist das nun einmal nicht anders.

Hundertmal war ich versucht, den jungen Kunstschülern, die mir auf dem Weg zum Louvre, mit ihrem Portefeuille unter dem Arm, begegneten, gutherzig zuzurufen, Freunde wie lange zeichnet ihr da? Zwei Jahre. Das ist mehr als zu viel! Laßt mir die Krambude der Manier, geht zu den Cartheusern dort werdet ihr den wahren Ausdruck der Frömmigkeit und Innigkeit sehen. Heute ist Abend vor dem großen Feste, geht in die Kirche, schleicht euch zu den Beichtstühlen, dort werdet ihr sehen wie der Mensch sich sammelt, wie er bereut. Morgen geht in die Landschenke, dort werdet ihr wahrhaft erzürnte Menschen sehen; mischt euch in die öffentlichen Begebenheiten, beobachtet auf den Straßen, in den Gärten, auf den Märkten, in Häusern, und ihr werdet richtige Begriffe fassen über die wahre Bewegung der Lebenshandlungen. Seht! gleich hier! zwei von euren Kameraden streiten. Schon dieser Wortstreit gibt, ohne ihr Wissen, allen Gliedern eine eigne Richtung. Betrachtet sie wohl, und wie erbärmlich wird euch die Lektion eures geschmacklosen Professors, und die Nachahmung eures geschmackleeren Modelles vorkommen! Was werdet ihr nicht zu tun haben, wenn ihr künftig an dem Platz aller dieser Falschheiten, die ihr eingelernt habt, die Einfalt und Wahrheit des le Sueur setzen wollt; und das müßt ihr doch, wenn ihr etwas zu sein verlangt.

Dieser Rat wäre an sich gut, und nicht genug kann sich ein Künstler unter den Volksmassen umsehen; allein unbedingt wie Diderot ihn gibt, kann er zu nichts führen. Der Lehrling muß erst wissen, was er zu suchen hat, was der Künstler aus der Natur brauchen kann, wie er es zu Kunstzwecken brauchen soll. Sind ihm diese Vorübungen fremd, so helfen ihm alle Erfahrungen nichts, und er wird nur, wie viele unsere Zeitgenossen, das Gewöhnliche, Halbinteressante, oder das, auf sentimentalen Abwegen, falsch Interessante darstellen.

Etwas anders ist eine Attitüde, etwas anders eine Handlung. Alle Attitüde ist falsch und klein, jede Handlung ist schön und wahr.

Diderot braucht das Wort Attitüde schon einigemal, und ich habe es nach der Bedeutung übersetzt, die es mir an jenen Stellen zu haben schien, hier ist es aber nicht übersetzlich, denn es führt schon einen mißbilligenden Nebenbegriff bei sich. Überhaupt bedeutet Attitüde, in der französischen akademischen Kunstsprache, eine Stellung, die eine Handlung, oder Gesinnung ausdrückt, und in so fern bedeutend ist. Weil nun aber die Stellungen akademischer Modelle dieses was von ihnen gefordert wird, nicht leisten, sondern nach der Natur der Aufgaben und Umstände, gewöhnlich anmaßlich, leer, übertrieben, unzulänglich bleiben müssen, so gebraucht Diderot das Wort Attitüde hier im mißbilligenden Sinne, den wir auf kein Deutsches Wort übertragen können, wir müßten denn etwa akademische Stellung sagen wollen, wobei wir aber um nichts gebessert wären.

Von den Stellungen geht Diderot zum Kontrast über und mit Recht. Denn aus der mannigfaltigen Richtung der Glieder an einer Figur, so wie aus mannigfaltigen Richtungen der Glieder zusammengestellter Figuren, entsteht der Kontrast. Wir wollen den Verfasser selbst hören.

Der übel verstandene Kontrast ist eine der traurigsten Ursachen des Manierierten. Es gibt keinen wahren Kontrast, als den der aus dem Grunde der Handlung entspringt, aus der Mannigfaltigkeit der Organe, oder des Interesse. Wie geht Rafael, wie le Sueur zu Werke? manchmal stellen sie drei, vier, fünf Figuren gerade eine neben die andre, und die Wirkung ist herrlich. Bei den Cartheusern, in der Messe oder der Vesper, sieht man in zwei langen parallelen Reihen, vierzig bis fünfzig Mönche. Gleiche

Stolen, gleiche Verrichtung, gleiche Bekleidung und doch sieht keiner aus wie der andre. Sucht mir nur keinen andern Kontrast als den, der diese Mönche unterscheidet! hier ist das Wahre! alles andere ist klein und falsch.

Auch hier ist er, wie bei der Lehre von den Gebärden, ob er gleich im Ganzen recht hat, zu wegwerfend gegen die Kunstmittel und empirisch dilettantisch in seinem Rat. Aus ein paar symmetrischen Mönchs-Reihen hat Rafael gewiß manches Motiv zu seinen Kompositionen genommen, aber es war Rafael der es nahm, das Kunstgenie, der fortschreitende, sich immer mehr ausbildende und vollendende Künstler. Man vergesse nur nicht, daß man den Schüler, den man ohne Kunstanleitung zur Natur hinstößt, von Natur und Kunst zugleich entferne.

Nun geht Diderot, wie er schon oben getan, durch eine unbedeutende Phrase zu einer fremden Materie über, er will den Kunstschüler, besonders den Maler, aufmerksam machen: daß eine Figur rund und vielseitig sei, daß der Maler die Seite, die er sehen läßt, so lebhaft darstellen müsse, daß sie die übrigen gleichsam in sich enthalte. Was er sagt, deutet seine Intention mehr an, als daß an eine Ausführung zu denken wäre.

Wenn unsere jungen Künstler ein wenig geneigt wären meinen Rat zu nutzen, so würde ich ihnen ferner sagen: ist es nicht lange genug, daß ihr nur die eine Seite des Gegenstandes seht, die ihr nachbildet? versucht meine Freunde, euch die Figur als durchsichtig zu denken und euer Auge in den Mittelpunkt derselben zu bringen. Von da werdet ihr das ganze äußere Spiel der Maschine beobachten, ihr werdet sehen, wie gewisse Teile sich ausdehnen, indessen andere sich verkürzen, wie diese zusammensinken, jene sich aufblähen, und ihr werdet immer, von dem Ganzen durchdrungen in der Einen Seite des Gegenstands, die euer Gemälde mir zeigt, die schickliche Übereinstimmung mit der andern fühlen lassen, die ich nicht sehe; und ob ihr mir gleich nur Eine Ansicht darstellt, so werdet ihr doch meine Einbildungskraft zwingen, auch die entgegengesetzte zu sehen. Dann werde ich sagen, daß ihr ein erstaunlicher Zeichner seid.

Indem Diderot Künstlern den Rat gibt, sich in die Mitte der Figur in Gedanken zu versetzen, um sie nach allen Seiten wirkend und belebt zu sehen, ist seine Absicht, besonders den Maler zu erinnern, daß er nicht flach, und gleichsam nur von einer Seite gefällig zu sein suchen solle. Denn gewiß schon eine richtige Zeichnung, ohne Licht und Schatten erscheint rund, so wie vor und zurücktretend. Warum erscheint eine Silhouette so belebt? weil der Umriß der Gestalt richtig ist, daß man sowohl die vordere, als Rückseite der Figur hinein zeichnen könnte. Der junge Künstler, dem unsers Verfassers Rat nicht ganz deutlich sein sollte, mache den eben angezeigten Versuch mit der Silhouette, und sein Auge, von zwei Seiten auf denselben Contour gerichtet, wird das ohngefähr wirklich ausüben können, was Diderot, durch Abstraktion aus der Mitte der Figur herausgedacht haben will.

Wenn nun eine Figur im Ganzen gut zusammen gezeichnet ist, so erinnert der Verfasser nunmehr an die Ausführung, die nicht dem Ganzen schaden, sondern dasselbe vollenden möge. Wir sind, mit ihm, überzeugt daß die höchsten Geisteskräfte, so wie der geübteste Mechanismus des Künstlers hierbei aufgerufen werden müssen.

Aber es ist nicht genug, daß ihr das Ganze gut zusammenrichtet, nun habt ihr noch das Einzelne auszuführen, ohne daß die Masse zerstört werde. Das ist das Werk der Begeisterung, des Gefühls, des auserlesnen Gefühls.

Und so würde ich denn eine Zeichenschule folgendermaßen eingerichtet wünschen: wenn der Schüler, mit Leichtigkeit, nach der Zeichnung und dem Runden, zu arbeiten weiß, so halte ich ihn zwei Jahre vor dem akademischen Modell des Manns und der Frau. Dann stelle ich ihm Kinder vor, dann Erwachsne, ferner ausgebildete Männer, Greise, Personen von verschiedenem Alter und Geschlecht, aus allen Ständen der Gesellschaft genommen, genug alle Arten von Naturen. Es kann mir daran nicht fehlen, wenn ich sie gut bezahle, so werden sie sich in Menge bei meiner Akademie melden, leb(t)e ich in einem Sklavenlande, so hieße ich sie kommen.

Der Professor bemerkt bei den verschiedenen Modellen die Zufälligkeiten, welche, durch die tägliche Verrichtung, Lebensart, Stand und Alter, in den Formen Veränderung bewirken.

Ein Schüler sieht das akademische Modell nur alle vierzehn Tage, und diesem überläßt der Professor sich selbst zu stellen. Nach der Zeichnungssitzung erklärt ein geschickter Anatom meinem Lehrling den abgezognen Leichnam, und wendet seine Lektion auf das Lebendige, Belebte, Nackende an. Höchstens zwölfmal des Jahrs zeichnet er nach der toten Zergliederung; mehr braucht er nicht, um zu empfinden, daß Fleisch auf Knochen, und freies Fleisch sich nicht überein zeichnen läßt, daß hier der Strich rund,

und dort gleichsam winklich sein müsse; er wird einsehen, daß wenn man diese Feinheiten vernachlässigt, das Ganze wie eine aufgetriebene Blase, oder wie ein Wollsack aussieht.

Daß der Vorschlag zu einer Zeichenschule unzulänglich, die Intention des Verfassers nicht klar genug, die Epochen, wie die verschiednen Abteilungen des Unterrichts auf einander folgen sollen, nicht bestimmt genug angegeben seien, fällt jedem in die Augen; doch ist hier der Ort nicht mit dem Verfasser zu hadern. Genug daß er, im Ganzen, den einschränkenden Pedantismus verbannt, und das bestimmende Studium anempfiehlt. Möchten wir doch von Künstlern unserer Zeit, sowohl an Körpern als Gewändern keine aufgedunsene Blasen und keine ausgestopften Wollsäcke wieder sehen.

Es gäbe nichts manieriertes, weder in der Zeichnung, noch in der Farbe, wenn man die Natur gewissenhaft nachahmte. Die Manier kommt vom Meister, von der Akademie, von der Schule, ja sogar von der Antike.

Fürwahr, so schlimm du angefangen hast, endigst du, wackrer Diderot, und wir müssen zum Schlusse des Kapitels in Unfrieden von dir scheiden. Ist die Jugend, bei einer mäßigen Portion Genie, nicht schon aufgeblasen genug, schmeichelt sich nicht jeder so gern: ein unbedingter, dem Individuo gemäßer, selbst ergriffner Weg, sei der beste, und führe am weitesten? und du willst deinen Jünglingen die Schule durchaus verdächtig machen! Vielleicht waren die Professoren der Pariser Akademie vor dreißig Jahren wert, so gescholten und diskreditiert zu werden, das kann ich nicht entscheiden, aber, im allgemeinen genommen, ist in deinen Schlußworten keine wahre Sylbe.

Der Künstler soll nicht so wahr, so gewissenhaft gegen die Natur, er soll gewissenhaft gegen die Kunst sein. Durch die treuste Nachahmung der Natur entsteht noch kein Kunstwerk, aber in einem Kunstwerke kann fast alle Natur erloschen sein, und es kann noch immer Lob verdienen. Verzeihe du abgeschiedner Geist, wenn deine Paradoxie mich auch paradox macht. Doch das wirst du im Ernste selbst nicht leugnen, von dem Meister, von der Akademie, von der Schule, von der Antike, die du anklagst, daß sie das Manierierte veranlasse, kann eben so gut, durch eine richtige Methode, ein echter Styl verbreitet werden, ja, man darf wohl sagen: welches Genie der Welt wird, auf Einmal, durch das bloße Anschauen der Natur, ohne Überlieferung, sich zu Proportionen entscheiden, die echten Formen ergreifen, den wahren Styl erwählen und sich selbst eine alles umfassende Methode erschaffen? Ein solches Kunstgenie ist ein weit leereres Traumbild, als oben dein Jüngling, der, als ein Geschöpf von zwanzig Jahren, aus einem Erdenkloß entstünde, und vollendete Glieder hätte, ohne sie jemals gebraucht zu haben.

Und so lebe wohl, ehrwürdiger Schatten, habe Dank, daß du uns veranlaßtest zu streiten, zu schwätzen, uns zu ereifern, und wieder kühl zu werden. Die höchste Wirkung des Geistes ist, den Geist hervorzurufen. Nochmals lebe wohl. Im Farbenreiche sehen wir uns wieder.

Zweites Kapitel

Meine kleine Ideen über die Farbe

Diderot, ein Mann von großem Geist und Verstand, geübt in allen Wendungen des Denkens, zeigt uns hier, daß er sich, bei Behandlung dieser Materie, seiner Stärke und seiner Schwäche bewußt sei. Schon in der Überschrift gibt er uns einen Wink, daß wir nicht zu viel von ihm erwarten sollen.

Wenn er in dem ersten Kapitel uns mit *bisarren Gedanken* über Zeichnung drohte, so war er sich seiner Übersicht, seiner Kraft und Fertigkeit bewußt, und wirklich fanden wir an ihm einen gewandten und rüstigen Streiter, gegen den wir Ursache hatten alle unsere Kräfte aufzubieten; hier aber kündigt er selbst, mit einer bescheidnen Gebärde, nur *kleine Ideen* über die Farbe an; jedoch näher betrachtet tut er sich unrecht, sie sind nicht klein, sondern meistenteils richtig, den Gegenständen angemessen und seine Bemerkungen treffend; aber er steht in einem engen Kreise beschränkt, und diesen kennt er nicht vollkommen, er blickt nicht weit genug und selbst das nahe liegende ist ihm nicht alles deutlich.

Aus dieser Vergleichung der beiden Kapitel folgt nun von selbst daß ich, um auch dieses mit Anmerkungen zu begleiten, mich einer ganz andern Behandlungsart befleißigen muß. Dort hatte ich nur Sophismen zu entwickeln, das Scheinbare von dem Wahren zu sondern, ich konnte mich auf etwas anerkannt gesetzliches in der Natur berufen, ich fand manchen wissenschaftlichen Rückenhalt an den ich mich anlehnen konnte; hier aber wäre die Aufgabe: einen engen Kreis zu erweitern, seinen Umfang zu bezeichnen, Lücken auszufüllen und eine Arbeit selbst zu vollenden, deren Bedürfnis von wahren Künstlern, von wahren Freunden der Wissenschaften längst empfunden worden.

Da man aber, gesetzt auch man wäre fähig dazu, eine solche Darstellung, bei Gelegenheit eines fremden, unvollständigen Aufsatzes, wohl schwerlich bequem finden würde, so habe ich einen andern Weg eingeschlagen um meine Arbeit, bei diesem Kapitel, Freunden der Kunst nützlich zu machen.

Diderot wirft auch hier, nach seiner bekannten sophistischen Tücke, die verschiednen Teile seiner kurzen Abhandlung durch einander, er führt uns, wie in einem Irrgarten, herum, um uns auf einem kleinen Raum eine lange Promenade vorzuspiegeln. Ich habe daher seine Perioden getrennt und sie unter gewisse Rubriken, in eine andere Ordnung, zusammengestellt. Es war dieses um so mehr möglich, da sein ganzes Kapitel keinen innern Zusammenhang hat und vielmehr dessen aphoristische Unzulänglichkeit nur durch eine desultorische Bewegung versteckt wird.

Indem ich nun auch in dieser neuen Ordnung meine Anmerkungen hinzufüge, so mag eine gewisse Übersicht desjenigen, was geleistet ist, und desjenigen, was zu leisten übrig bleibt, möglich werden.

Einiges Allgemeine

Hohe Wirkung des Kolorits. Die Zeichnung gibt den Dingen die Gestalt, die Farbe, das Leben; sie ist der göttliche Hauch der alles belebt.

Die erfreuliche Wirkung, welche die Farbe aufs Auge macht, ist die Folge einer Eigenschaft, die wir an körperlichen und unkörperlichen Erscheinungen, nur durch das Gesicht, gewahr werden. Man muß die Farbe gesehen haben, ja man muß sie sehen, um sich von der Herrlichkeit dieses kraftvollen Phänomens einen Begriff zu machen.

Seltenheit guter Koloristen. Wenn es mehrere treffliche Zeichner gibt, so gibt es wenig große Koloristen. Eben so verhält sichs in der Literatur, hundert kalte Logiker gegen Einen großen Redner, zehen große Redner gegen Einen fürtrefflichen Poeten. Ein großes Interesse kann einen beredten Menschen schnell entwickeln und, Helvetius mag sagen was er will, man macht keine zehen gute Verse ohne Stimmung, und wenn der Kopf darauf stünde.

Hier spielt Diderot nach seiner Art, um das Mangelhafte seiner besondern Kenntnisse zu verbergen, die Frage, über die man unterrichtet werden möchte, ins allgemeine, und blendet mit einem falsch angewendeten Beispiel aus den redenden Künsten. Immer wird alles dem guten Genie zugeschoben, immer soll die Stimmung alles leisten. Freilich sind Genie und Stimmung zwei unerläßliche

Bedingungen, wenn ein Kunstwerk hervor gebracht werden soll; aber beide sind, um nur von der Malerei zu reden, zur Erfindung und Anordnung, zur Beleuchtung, wie zur Färbung und zum Ausdruck, so wie zur letzten Ausführung nötig. Wenn die Farbe die Oberfläche des Bildes belebt, so muß man das genialische Leben in allen seinen Teilen gewahr werden.

Auch könnte man überhaupt jenen Satz gerade umwenden und sagen: Es gibt mehr gute Koloristen als Zeichner; oder, wenn wir anders billig sein wollen: es ist in einem Fall so schwer als in dem andern vortrefflich zu sein. Stelle man übrigens den Punkt, auf welchem einer für einen guten Zeichner oder Koloristen gelten soll, so hoch, oder so tief als man will, so wird man immer zum wenigsten gleiche Zahl der Meister finden, wenn man nicht etwa gar mehr Koloristen antrifft. Man darf nur an die niederländische Schule und überhaupt an alle diejenigen denken, welche Naturalisten genannt werden.

Hat es damit seine Richtigkeit und gibt es wirklich eben so viel gute Koloristen als Zeichner, so führt uns dies zu einer andern wichtigen Betrachtung. Bei der Zeichnung hat man in den Schulen, wenn auch keine vollkommene Theorie, doch wenigstens gewisse Grundsätze, gewisse Regeln und Maße die sich überliefern lassen; bei dem Kolorit hingegen weder Theorie noch Grundsätze, noch irgend etwas das sich überliefern läßt. Der Schüler wird auf Natur auf Beispiele, er wird auf seinen eignen Geschmack verwiesen. Und warum ist es denn doch eben so schwer gut zu zeichnen als gut zu kolorieren? Darum dünkt uns, weil die Zeichnung sehr viel Kenntnisse erfordert, viel Studium voraussetzt, weil die Ausübung derselben sehr verwickelt ist, ein anhaltendes Nachdenken und eine gewisse Strenge fordert; das Kolorit hingegen ist eine Erscheinung, die nur ans Gefühl Anspruch macht und also auch durchs Gefühl gleichsam instinktmäßig hervor gebracht werden kann.

Ein Glück daß es sich also verhält! Denn sonst würden wir, bei dem Mangel von Theorie und Grundsätzen, noch weniger gut kolorierte Bilder haben. Daß es ihrer nicht mehr gibt hat mancherlei Ursachen. Diderot bringt in der Folge verschiednes hierüber zur Sprache.

Wie traurig es aber mit dieser Rubrik in unsern Lehrbüchern aussehe, kann man sich überzeugen wenn man z. B. den Artikel *Kolorit*, in Sulzers allgemeiner Theorie der schönen Künste, mit den Augen eines Künstlers betrachtet, der etwas lernen, eine Anleitung finden, einem Fingerzeig folgen will! Wo ist da nur eine theoretische Spur? wo ist da nur eine Spur, daß der Verfasser auf das, worauf es eigentlich ankommt, wenigstens hindeute? Der Lernbegierige wird an die Natur zurück gewiesen, er wird aus einer Schule, zu der er ein Zutrauen setzt, hinaus auf die Berge und Ebenen, in die weite Welt gestoßen, dort soll er die Sonne, den Duft, die Wolken und wer weiß was alles betrachten, da soll er beobachten, da soll er lernen, da soll er, wie ein Kind das man aussetzt, sich in der Fremde durch eigne Kräfte forthelfen. Schlägt man deswegen das Buch eines Theoristen auf, um wieder in die Breite und Länge der Erfahrung, um in die Unsicherheit einzelner zerstreuter Beobachtungen, in die Verirrungen einer ungeübten Denkkraft zurück gewiesen zu werden? Freilich ist das Genie, im allgemeinen, zur Kunst, so wie im besondern, zu einem bestimmten Teile der Kunst unentbehrlich; wohl ist eine glückliche Disposition des Auges zur Empfänglichkeit für die Farben, ein gewisses Gefühl für die Harmonie derselben von Natur erforderlich, freilich muß das Genie sehen, beobachten, ausüben und durch sich selbst bestehen; dagegen hat es Stunden genug in denen es ein Bedürfnis fühlt, durch den Gedanken, über die Erfahrung, ja, wenn man will, über sich selbst erhoben zu werden. Dann nähert es sich gern dem Theoretiker, von dem es die Verkürzung seines Wegs, die Erleichterung der Behandlung in jedem Sinne erwarten darf.

Urteil über die Farbengebung. Nur die Meister der Kunst sind die wahren Richter der Zeichnung, die ganze Welt kann über die Farbe urteilen.

Hierein können wir keinesweges einstimmen. Zwar ist die Farbe in doppeltem Sinne, sowohl in Absicht auf Harmonie im Ganzen, als auf Wahrheit des Dargestellten im Einzelnen, leichter zu fühlen, in so fern sie unmittelbar an gesunde Sinne spricht; aber von dem Kolorit, als eigentlichem Kunstprodukte, kann doch nur der Meister, so wie von allen übrigen Rubriken urteilen. Ein buntes, ein heiteres, ein durch eine gewisse Allgemeinheit, oder ein im besondern harmonisches Bild, kann die Menge anlocken, den Liebhaber erfreuen, jedoch urteilen darüber kann nur der Meister, oder ein entschiedner Kenner. Entdecken doch auch ganz ungeübte Menschen Fehler in der Zeichnung, Kinder werden durch Ähnlichkeit eines Bildnisses frappiert, es gibt gar vieles das ein gesundes Auge im einzelnen richtig bemerkt, ohne im Ganzen zulänglich, in Hauptpunkten zuverlässig zu sein. Hat man nicht die Erfahrung, daß Ungeübte Tizians Kolorit selbst nicht natürlich finden? und vielleicht war Diderot auch in demselben Falle, da er nur immer Vernet und Chardin als Muster des Kolorits anführt.

Ein Halbkenner übersieht wohl in der Eile ein Meisterstück der Zeichnung, des Ausdrucks, der Zusammensetzung; das Auge hat niemals den Koloristen vernachlässigt.

Von Halbkennern sollte eigentlich gar die Rede nicht sein! Ja, wenn man es streng nimmt, gibt es gar keine Halbkenner. Die Menge, die von einem Kunstwerke angezogen oder abgestoßen wird, macht auf Kennerschaft keinen Anspruch, der echte Liebhaber wächst täglich und erhält sich immerfort bildsam. Es gibt halbe Töne, aber auch diese sind harmonisch im Ganzen; der Halbkenner ist eine falsche Saite, die nie einen richtigen Ton angibt, und grade beharrt er auf diesem falschen Ton, da selbst echte Meister und Kenner sich nie für vollendet halten.

Seltenheit guter Koloristen. Aber warum gibt es so wenig Künstler, die das hervor bringen könnten was jedermann begreift?

Hier liegt wieder der Irrtum in dem falschen Sinne, der dem Worte *begreifen* gegeben ist. Die Menge begreift die Harmonie und die Wahrheit der Farben eben so wenig als die Ordnung einer schönen Zusammensetzung. Freilich werden beide nur desto leichter gefaßt je vollkommner sie sind, und diese Faßlichkeit ist eine Eigenschaft alles Vollkommenen in der Natur und der Kunst, diese Faßlichkeit muß es mit dem Alltäglichen gemein haben; nur daß dieses reizlos, ja abgeschmackt sein kann, lange Weile und Verdruß erregt, jenes aber reizt, unterhält, den Menschen auf die höchsten Stufen seiner Existenz erhöht, ihn dort gleichsam schwebend erhält und um das Gefühl seines Daseins so wie um die verfließende Zeit betrügt.

Homers Gesänge werden schon seit Jahrtausenden gefaßt, ja mitunter begriffen und wer bringt etwas ähnliches hervor? Was ist faßlicher, was ist begreiflicher als die Erscheinung eines trefflichen

Schauspielers ? Er wird von tausenden und aber tausenden gesehen und bewundert und wer vermag ihn nachzuahmen?

Eigenschaften eines echten Koloristen

Wahrheit und Harmonie. Wer ist denn für mich der wahre, der große Kolorist Derjenige, der den Ton der Natur und wohl erleuchteter Gegenstände gefaßt hat und der zugleich sein Gemälde in Harmonie zu bringen wußte.

Ich würde lieber sagen: Derjenige welcher die Farben der Gegenstände am richtigsten und reinsten, unter allen Umständen der Beleuchtung, der Entfernung u.s.w. lebhaft faßt und darstellt und sie in ein harmonisches Verhältnis zu setzen weiß.

An wenig Gegenständen erscheint die Farbe in ihrer ursprünglichen Reinheit, selbst im vollsten Lichte, sie wird mehr oder minder durch die Natur der Körper, an denen sie erscheint, schon modifiziert und überdies sehen wir sie noch, durch stärkeres oder schwächeres Licht, durch Beschattung, durch Entfernung, ja endlich sogar durch mancherlei Trug auf tausenderlei Weise, bestimmt und verändert. Alles das zusammen kann man Wahrheit der Farbe nennen, denn es ist diejenige Wahrheit, die einem gesunden, kräftigen, geübten Künstlerauge erscheint. Aber dieses Wahre wird in der Natur selten harmonisch angetroffen, die Harmonie ist in dem Auge des Menschen zu suchen, sie ruht auf einer inne(r)n Wirkung und Gegenwirkung des Organs, nach welchem eine gewisse Farbe eine andere fordert und man kann eben so gut sagen, wenn das Auge eine Farbe sieht, so fordert es die harmonische, als man sagen kann die Farbe welche das Auge neben einer andern fordert ist die harmonische. Diese Farben, auf welchen alle Harmonie und also der wichtigste Teil des Kolorits ruht, wurden bisher von den Physikern *zufällige Farben* genannt.

Leichte Vergleichung. Nichts in einem Bilde spricht uns mehr an, als die wahre Farbe, sie ist dem Unwissenden wie dem Unterrichteten verständlich.

Dieses ist in jedem Sinne wahr; doch ist es nötig zu untersuchen, was denn diese wenigen Worte eigentlich sagen wollen? Bei allem, was nicht menschlicher Körper ist bedeutet die Farbe fast mehr als die Gestalt, und die Farbe ist es also wodurch wir viele Gegenstände eigentlich erkennen, oder wodurch sie uns interessieren. Der einfarbige, der unfarbige Stein, will nichts sagen, das Holz wird durch die Mannigfaltigkeit seiner Farbe nur bedeutend, die Gestalt des Vogels ist uns durch ein Gewand verhüllt, das uns durch einen regelmäßigen Farbenwechsel vorzüglich anlockt. Alle Körper haben gewissermaßen eine individuelle Farbe, wenigstens eine Farbe der Geschlechter und Arten; selbst die Farben künstlicher Stoffe sind nach Verschiedenheit derselben verschieden, anders erscheint Cochenille auf Leinwand, anders auf Wolle, anders auf Seide. Taft, Atlas, Samt, obgleich alle von seidnem Ursprung, bezeichnen sich anders dem Auge und was kann uns mehr reizen, mehr ergötzen, mehr täuschen und bezaubern, als wenn wir auf einem Gemälde das bestimmte, lebhafte, individuelle eines Gegenstandes, wodurch er uns zeitlebens angesprochen, wodurch er uns allein bekannt ist, wieder erblicken? Alle Darstellung der Form ohne Farbe ist symbolisch, die Farbe allein macht das Kunstwerk wahr, nähert es der Wirklichkeit.

Farben der Gegenstände

Farbe des Fleisches. Man hat behauptet, die schönste Farbe in der Welt sei die liebenswürdige Röte womit Unschuld, Jugend, Gesundheit, Bescheidenheit und Scham die Wangen eines Mädchens zieren, und man hat nicht nur etwas feines, rührendes, zartes, sondern auch etwas wahres gesagt; denn das Fleisch ist schwer nachzubilden; dieses saftige Weiß, überein, ohne blaß, ohne matt zu sein; diese Mischung von rot und blau, die unmerklich durch (das gelbliche) dringt, das Blut, das Leben, bringen den Koloristen in Verzweiflung. Wer das Gefühl des Fleisches erreicht hat, ist schon weit gekommen, das übrige ist nichts dagegen. Tausend Maler sind gestorben, ohne das Fleisch gefühlt zu haben, tausend andere werden sterben, ohne es zu fühlen.

Diderot stellt sich mit Recht hier auf den Gipfel der Farbe die wir an Körpern erblicken. Die Elementarfarben, welche wir bei physiologischen, physischen und chemischen Phänomenen bemerken und abgesondert erblicken, werden, wie alle andere Stoffe der Natur, veredelt, indem sie organisch angewendet werden. Das höchste organisierte Wesen ist der Mensch, und man erlaube uns, die wir für Künstler schreiben, anzunehmen, daß es unter den Menschenrassen innerlich und äußerlich vollkommner organisierte gebe, deren Haut, als die Oberfläche der vollkommenen Organisation, die schönste Farbenharmonie zeigt, über die unsere Begriffe nicht hinaus gehen. Das Gefühl dieser Farbe des gesunden Fleisches, ein tätiges Anschauen derselben, wodurch der Künstler sich zum Hervorbringen von etwas ähnlichen geschickt zu machen strebt, erfordert so mannigfaltige und zarte Operationen, des Auges sowohl als des Geistes und der Hand, ein frisches jugendliches Naturgefühl und ein gereiftes Geistesvermögen, daß alles andere dagegen nur Scherz und Spielwerk, wenigstens alles andere in dieser höchsten Fähigkeit begriffen zu sein scheint. Eben so ist es mit der Form. Wer sich zu der Idee von der bedeutenden und schönen menschlichen Form empor gehoben hat, wird alles übrige bedeutend und schön hervor bringen. Was für herrliche Werke entstanden nicht wenn die großen, sogenannten Historienmaler sich herabließen Landschaften, Tiere und unorganische Beiwerke zu malen!

Da wir übrigens mit unserm Autor ganz in Einstimmung sind so lassen wir ihn selbst reden.

Ihr könntet glauben daß um sich im Kolorit zu bestärken ein wenig Studium der Vögel und der Blumen nicht schaden könnte. Nein, mein Freund! niemals wird euch diese Nachahmung das Gefühl des Fleisches geben. Was wird aus Bachelier wenn er seine Rose, seine Jonquille, seine Nelke aus den Augen verliert? Laßt Madame Vien ein Portrait malen und tragt es nachher zu Latour. Aber nein bringt es ihm nicht! Der Verräter ehrt keinen seiner Mitbrüder so sehr um ihm die Wahrheit zu sagen; aber bewegt ihn, der Fleisch zu malen versteht, ein Gewand, einen Himmel, eine Nelke, eine duftige Pflaume, eine zart wollige Pfirsiche zu malen ihr werdet sehen wie herrlich ersieh heraus zieht. Und Chardin! warum nimmt man seine Nachahmung unbelebter Wesen für die Natur selbst? eben deswegen weil er das Fleisch hervorbringt wann er will.

Man kann sich nicht muntrer, feiner, artiger ausdrucken; der Grundsatz ist auch wohl wahr. Nur steht Latour nicht als glückliches Beispiel eines großen Farbekünstlers, er ist ein bunt übertriebner oder vielmehr manierierter Maler aus Rigauds Schule, oder ein Nachahmer dieses Meisters.

In dem folgenden geht Diderot zu der neuen Schwierigkeit über, die der Maler findet indem das Fleisch an und für sich nicht allein so schwer nachzuahmen ist, sondern die Schwierigkeit noch dadurch vermehrt wird, daß diese Oberfläche einem denkenden, sinnenden, fühlenden Wesen angehört, dessen innerste, geheimste, leichteste Veränderungen sich blitzschnell über das Äußere verbreiten. Er übertreibt ein wenig die Schwierigkeit, doch mit besonderer Anmut und ohne sich von der Wahrheit zu entfernen.

Aber was dem großen Koloristen noch endlich ganz den Kopf verrückt das ist der Wechsel dieses Fleisches, das sich von einem Augenblick zum andern belebt und verfärbt. Indessen der Künstler sich an sein Tuch heftet, indem sein Pinsel mich darzustellen beschäftigt ist, habe ich mich verändert und er findet mich nicht wieder. Ist mir der Abbé Leblanc in die Gedanken gekommen, so mußte ich vor langer Weile gähnen, zeigte sich der Abbé Trublet meiner Einbildungskraft, so sehe ich ironisch aus. Erscheint mir mein Freund Grimm, oder meine Sophie, dann klopft mein Herz, die Zärtlichkeit und Heiterkeit verbreitet sich über mein Gesicht, die Freude scheint mir durch die Haut zu dringen, die kleinsten Blutgefäße wurden erschüttert und die unmerkliche Farbe des lebendigen Flüssigen hat über alle meine Züge die Farbe des Lebens verbreitet. Blumen und Früchte schon verändern sich vor dem aufmerksamen Blick des Latour und Bachelier. Welche Qual ist nicht für sie das Gesicht des Menschen! Diese Leinwand, die sich rührt, sich bewegt, sich ausdehnt und so bald erschlafft, sich färbt und mißfärbt, nach unendlichen Abwechslungen dieses leichten und beweglichen Hauchs den man die Seele nennt.

Wir sagten vorhin, daß Diderot die Schwierigkeit einigermaßen übertreibe, und gewiß, sie wäre unüberwindlich wenn der Maler nicht das besäße was ihn zum Künstler macht, wenn er von dem hin- und wiederblicken zwischen Körper und Leinwand allein abhinge, wenn er nichts zu machen verstünde als was er sieht. Aber das ist ja eben das Künstlergenie, das ist das Künstlertalent, daß es anzuschauen, festzuhalten, zu verallgemeinen, zu symbolisieren, zu charakterisieren weiß, und zwar in jedem Teile der Kunst, in Form sowohl als Farbe. Dadurch ist es eben ein Künstlertalent, daß es eine Methode besitzt, nach welcher es die Gegenstände behandelt, eine, sowohl geistige, als praktisch mechanische Methode, wodurch es den beweglichsten Gegenstand fest zu halten, zu determinieren und ihm eine Einheit und Wahrheit der künstlichen Existenz zu geben weiß.

Aber bald hätte ich vergessen euch von der Farbe der Leidenschaft zu reden und doch war ich ganz nahe dran. Hat nicht jede Leidenschaft ihre eigne Farbe? verändert sie sich nicht auf jeder Stufe der Leidenschaft? Die Farbe hat ihre Abstufungen im Zorn. Entflammt er das Gesicht, so brennen die Augen, ist er auf dem höchsten Grad, so verengt er das Herz, anstatt es auszudehnen. Dann verwirren sich die Augen, die Blässe verbreitet sich über die Stirn, über die Wangen, die Lippen zittern und verbleichen. Liebe und Verlangen, süßer Genuß, glückliche Befriedigung! färbt nicht jeder dieser Momente mit andern Farben eine geliebte Schönheit?

Von diesem Perioden gilt was von dem vorigen gesagt worden; auch hier ist Diderot zu loben, daß er dem Künstler die großen Forderungen zeigt, die man an ihn zu machen berechtigt ist; wenn er ihn auf die Mannigfaltigkeit der Naturerscheinungen aufmerksam macht und ihn dadurch vor dem Manierierten zu hüten sucht. Ein gleiches hat er im folgenden zur Absicht.

Die Mannigfaltigkeit unserer gewirkten Stoffe, unserer Gewänder hat nicht wenig beigetragen das Kolorit vollkommner zu machen.

Schon oben ist in einer Anmerkung hierüber etwas gesagt worden.

Der allgemeine Ton der Farbe kann schwach sein ohne falsch zu sein.

Daß die Lokalfarbe, sowohl in einem ganzen Bilde, als durch die verschiednen Gründe eines Bildes gemäßigt werden, und doch noch immer wahr und den Gegenständen gemäß bleiben kann, daran ist nicht der mindeste Zweifel.

Von der Harmonie der Farben

Wir kommen nunmehr an einen wichtigen Punkt, über den wir oben schon einiges geäußert, der aber nicht hier sondern in der Folge der ganzen Farbenlehre nur vorgetragen und erörtert werden kann.

Man sagt daß es freundliche und feindliche Farben gebe, und man hat recht wenn man darunter versteht: daß es solche gibt die sich schwer verbinden, die dergestalt neben einander absetzen daß Licht und Luft, diese beiden allgemeinen Harmonisten, uns kaum die unmittelbare Nachbarschaft erträglich machen können.

Da man auf den Grund der Farbenharmonie nicht gelangen konnte und doch harmonische und disharmonische Farben eingestehen mußte, zugleich aber bemerkte daß stärkeres oder schwächeres

Licht den Farben etwas zu geben oder zu nehmen und dadurch eine gewisse Vermittlung zu machen schien, da man bemerkte daß die Luft, indem sie die Körper umgibt, gewisse mildernde und sogar harmonische Veränderungen hervorbringt, so sah man beide als die allgemeinen Harmonisten an, man vermischte das von dem Kolorit kaum getrennte Helldunkel, auf eine unzulässige Weise, wieder mit demselben, man brachte die Massen herbei, man redete von Luftperspektiv, nur um einer Erklärung über die Harmonie der Farben auszuweichen. Man sehe das Sulzerische Kapitel vom Kolorit und wie dort die Frage, was Harmonie der Farben sei? nicht heraus gehoben, sondern unter fremden und verwandten Dingen vergraben und verschüttet wird. Diese Arbeit ist also noch zu tun, und vielleicht zeigt es sich, daß eine solche Harmonie, wie sie unabhängig und ursprünglich im Auge, im Gefühl des Menschen existiert, auch durch Zusammenstellung von gefärbten Gegenständen äußerlich hervor gebracht werden kann.

Ich zweifle daß irgend ein Maler diese Partie(n) besser verstehe als eine Frau, die ein wenig eitel ist, oder ein Sträußermädchen die ihr Handwerk versteht.

Also ein reizbares Weib, ein lebhaftes Sträußermädchen, verstehen sich auf die Harmonie der Farben! die eine weiß was ihr wohl ansteht, die andere, wie sie ihre Ware gefällig machen soll. Und warum begibt sich der Philosoph, der Physiolog nicht in diese Schule? Warum nimmt er sich nicht die kleine Mühe zu beobachten wie ein liebenswürdiges Geschöpf verfährt um diesen Elementarkreis zu ihren Gunsten zu ordnen? Warum beobachtet er nicht was sie sich zueignet und was sie verschmäht? Die Harmonie und Disharmonie der Farben ist zugestanden, der Maler ist darauf hingewiesen, jeder fordert sie von ihm und niemand sagt ihm was sie sei. Was geschieht? Sein natürliches Gefühl führt ihn in manchen Fällen recht, in andern weiß er sich nicht zu helfen. Und wie benimmt er sich? Er weicht der Farbe selbst aus, er schwächt sie und glaubt sie dadurch zu harmonieren, indem er ihr die Kraft nimmt ihre Widerwärtigkeit gegen eine andere recht lebhaft an den Tag zu legen.

Der allgemeine Ton der Farbe kann schwach sein ohne daß die Harmonie zerstört werde, im Gegenteil läßt sich die Stärke des Kolorits mit der Harmonie schwer verbinden.

Man gibt keineswegs zu, daß es leichter sei ein schwaches Kolorit harmonischer zu machen als ein starkes; aber freilich wenn das Kolorit stark ist, wenn die Farben lebhaft erscheinen, dann empfindet auch das Auge Harmonie und Disharmonie viel lebhafter; wenn man aber die Farben schwächt, einige hell, andere gemischt, andere beschmutzt im Bilde braucht, dann weiß freilich niemand ob er ein harmonisches oder disharmonisches Bild sieht; das weiß man aber allenfalls zu sagen daß es unwirksam, daß es unbedeutend sei.

Weiß oder hell zu malen sind zwei sehr verschiedne Dinge. Wenn unter zwei verschiednen Kompositionen übrigens alles gleich ist, so wird euch die lichteste gewiß am besten gefallen; es ist wie der Unterschied zwischen Tag und Nacht.

Ein Gemälde kann allen Anforderungen ans Kolorit genugtun und doch vollkommen hell und licht sein. Die helle Farbe erfreut das Auge, und eben dieselben Farben in ihrer ganzen Stärke, in ihrem dunkelsten Zustande genommen, werden einen ernsten, ahndungsvollen Effekt hervor bringen; aber freilich ist es ein anderes hell malen als ein weißes, kreidenhaftes Bild darstellen.

Noch eins! Die Erfahrung lehrt daß helle, heitere Bilder nicht immer den starken, kraftvollen Effektbildern vorgezogen werden. Wie hätte sonst Spagnolett zu seiner Zeit den Guido überwiegen können?

Es gibt eine Zauberei vor der man sich schwer verwahren kann, es ist die, welche der Maler ausübt der seinem Bilde eine gewisse Stimmung zu geben versteht. Ich weiß nicht wie ich euch deutlich meine Gedanken ausdrücken soll! Hier auf dem Gemälde steht eine Frau, in weißen Atlas gekleidet! deckt das übrige Bild zu und seht das Kleid allein, vielleicht erscheint euch dieser Atlas schmutzig, matt und nicht sonderlich wahr. Aber seht diese Figur wieder in der Mitte der Gegenstände von denen sie umgeben ist und alsobald wird der Atlas und seine Farbe ihre Wirkung wieder leisten. Das macht daß das Ganze gemäßigt ist, und indem jeder Gegenstand verhältnismäßig verliert, so ist nicht zu bemerken was jedem einzelnen gebricht, die Übereinstimmung rettet das Werk. Es ist die Natur bei Sonnenuntergang gesehen.

Niemand wird zweifeln daß ein solches Bild Wahrheit und Übereinstimmung, besonders aber große Verdienste in der Behandlung haben könne.

Fundament der Harmonie. Ich werde mich wohl hüten in der Kunst die Ordnung des Regenbogens umzustoßen. Der Regenbogen ist in der Malerei was der Grundbaß in der Musik ist.

Endlich deutet Diderot auf ein Fundament der Harmonie, er will es im Regenbogen finden und beruhigt sich dabei was die französische Malerschule darüber ausgesprochen haben mag. Indem der Physiker die ganze Farbentheorie auf die prismatischen Erscheinungen und also gewissermaßen auf den Regenbogen gründete, so nahm man wohl hier und da diese Erscheinungen gleichfalls bei der Malerei als Fundament der harmonischen Gesetze an, die man bei der Farbengebung vor Augen haben müsse, um so mehr als man eine auffallende Harmonie in dieser Erscheinung nicht leugnen konnte. Allein der Fehler den der Physiker beging, verfolgte mit seinen schädlichen Einflüssen auch den Maler. Der Regenbogen, so wie die prismatischen Erscheinungen, sind nur einzelne Fälle der viel weiter ausgebreiteten, mehr umfassenden, tiefer zu begründenden harmonischen Farbenerscheinungen. Es gibt nicht eine Harmonie, weil der Regenbogen, weil das Prisma sie uns zeigen, sondern diese genannten Phänomene sind harmonisch, weil es eine höhere, allgemeine Harmonie gibt, unter deren Gesetzen auch sie stehen.

Der Regenbogen kann keineswegs dem Grundbaß in der Musik verglichen werden, jener umfaßt sogar nicht einmal alle Erscheinungen die wir bei der Refraktion gewahr werden, er ist so wenig der Generalbaß der Farben als ein Durakkord der Generalbaß der Musik ist; aber weil es eine Harmonie der Töne gibt, so ist ein Durakkord harmonisch. Forschen wir aber weiter so finden wir auch einen Mollakkord, der keineswegs in dem Durakkorde, wohl aber in dem ganzen Kreise musikalischer Harmonie begriffen ist.

So lange nun in der Farbenlehre nicht auch klar wird daß die Totalität der Phänomene nicht unter ein beschränktes Phänomen und dessen allenfallsige Erklärung gezwängt werden kann, sondern daß jedes Einzelne sich in den Kreis mit allen übrigen stellen, sich ordnen, sich unterordnen muß; so wird auch diese Unbestimmtheit, diese Verwirrung in der Kunst dauern, wo man im praktischen das Bedürfnis weit lebhafter fühlt, anstatt daß der Theoretiker die Frage nur stille bei Seite lehnen und eigensinnig behaupten darf: alles sei ja schon erklärt!

Aber ich fürchte daß kleinmütige Maler davon ausgegangen sind um auf eine armselige Weise die Grenzen der Kunst zu verengen und sich eine leichte und beschränkte (kleine) Manier zu bereiten, das was wir so unter uns ein Protokoll nennen.

Diderot rügt hier eine kleine Manier in welche verschiedene Maler verfallen sein mögen, welche sich an die beschränkte Lehre des Physikers zu nahe anschlössen. Sie stellten, so scheint es, auf ihrer Palette die Farben in der Ordnung, wie sie im Regenbogen vorkommen und es entstand daraus eine unleugbare harmonische Folge, sie nannten es ein Protokoll, weil hier nun gleichsam alles verzeichnet war was geschehen konnte und sollte. Allein da sie die Farben nur in der Folge des Regenbogens und des prismatischen Gespenstes kannten, so wagten sie es nicht bei der Arbeit diese Reihe zu zerstören, oder sie dergestalt zu behandeln daß man jenen Elementarbegriff dabei verloren hätte, sondern man konnte das Protokoll durchs ganze Bild wieder finden; die Farbe blieb auf dem Gemälde, wie auf der Palette, nur Stoff, Materie, Element und ward nicht durch eine wahre genialische Behandlung in ein harmonisches Ganze organisch verwebt. Diderot greift diese Künstler mit Heftigkeit an. Ich kenne ihre Namen nicht und habe keine solche Gemälde gesehen, aber ich glaube mir nach Diderots Worten wohl vorzustellen was er meint.

Fürwahr es gibt solche Protokollisten in der Malerei, solche untertänige Diener des Regenbogens, daß man beständig erraten kann, was sie machen werden. Wenn ein Gegenstand diese oder jene Farbe hat, so kann man gewiß sein diese oder jene Farbe ganz nahe daran zu finden. Ist nun die Farbe der einen Ecke auf ihrem Gemälde gegeben, so weiß man alles übrige. Ihr ganzes Lebenlang tun sie nichts weiter als diese Ecke zu versetzen; es ist ein beweglicher Punkt der auf einer Fläche herum spaziert, der sich aufhält und bleibt wo es ihm beliebt, der aber immer dasselbe Gefolge hat. Er gleicht einem großen Herrn, der mit seinem Hof immer in einerlei Kleidern erschiene.

Echtes Kolorit. So handelt nicht Vernet nicht Chardin. Ihr unerschrockner Pinsel weiß mit der größten Kühnheit die größte Mannigfaltigkeit und die vollkommenste Harmonie zu verbinden und so alle Farben der Natur mit allen ihren Abstufungen darzustellen.

Hier fängt Diderot an die Behandlung mit dem Kolorit zu vermengen. Durch eine solche Behandlung verliert sich freilich alles stoffartige, elementare, rohe, materielle, indem der Künstler die mannigfaltige Wahrheit des einzelnen, in einer schön verbundnen Harmonie des ganzen verborgen, vorzustellen weiß, und so wären wir zu denen Hauptpunkten von denen wir ausgingen, zu Wahrheit in Übereinstimmung zurückgekehrt.

Sehr wichtig ist der folgende Punkt, über den wir erst Diderot hören und dann unsere Gedanken gleichfalls eröffnen wollen.

Und demohngeachtet haben Vernet und Chardin eine eigne und beschränkte Art der Farbenbehandlung! Ich zweifle nicht daran und würde sie wohl entdecken wenn ich mir die Mühe geben wollte. Das macht, daß der Mensch kein Gott ist und daß die Werkstatt des Künstlers nicht die Natur ist.

Nachdem Diderot gegen die Manieristen lebhaft gestritten, ihre Mängel aufgedeckt und ihnen seine Lieblingskünstler, Vernet und Chardin entgegen gesetzt, so kommt er an den zarten Punkt daß denn doch auch diese mit einer gewissen bestimmten Behandlungsart zu Werke gehen, der man wohl etwas eignes, etwas beschränktes Schuld geben könnte, so daß er kaum sieht wie er sie von den Manieristen unterscheiden soll. Hätte er von den größten Künstlern gesprochen, so würde er doch in Versuchung geraten sein eben dasselbe zu sagen; aber er wird billig, er will den Künstler nicht mit Gott, das Kunstwerk nicht mit einem Naturprodukte vergleichen.

Wodurch unterscheidet sich denn also der Künstler, der auf dem rechten Wege geht von demjenigen, der den falschen eingeschlagen hat? Dadurch daß er einer Methode bedächtig folgt, anstatt daß jener leichtsinnig einer Manier nachhängt.

Der Künstler, der immer anschaut, empfindet, denkt, wird die Gegenstände in ihrer höchsten Würde, in ihrer lebhaftesten Wirkung, in ihren reinsten Verhältnissen erblicken, bei der Nachahmung wird ihm eine selbstgedachte, eine überlieferte, selbstdurchdachte Methode die Arbeit erleichtern, und wenn gleich bei Ausübung dieser Methode seine Individualität mit ins Spiel kommt, so wird er doch durch dieselbe, so wie durch die reinste Anwendung seiner höchsten Sinnes- und Geisteskräfte, immer wieder ins allgemeine gehoben, und kann so bis an die Grenzen der möglichen Produktion geführt werden. Auf diesem Wege erhüben sich die Griechen bis zu der Höhe auf der wir besonders ihre plastische

Kunst kennen, und warum haben ihre Werke aus den verschiednen Zeiten und von verschiednem Werte einen gewissen gemeinsamen Eindruck? Doch wohl nur daher weil sie der Einen, wahren Methode im Vorschreiten folgten, welche sie selbst beim Rückschritt nicht ganz verlassen konnten.

Das Resultat einer echten Methode nennt man Styl, im Gegensatz der Manier. Der Styl erhebt das Individuum zum höchsten Punkt, den die Gattung zu erreichen fähig ist, deswegen nähern sich alle große Künstler einander in ihren besten Werken. So hat Rafael wie Tizian koloriert, da wo ihm die Arbeit am glücklichsten geriet. Die Manier hingegen individualisiert, wenn man so sagen darf, noch das Individuum. Der Mensch, der seinen Trieben und Neigungen unaufhaltsam nachhängt, entfernt sich immer mehr von der Einheit des Ganzen, ja sogar von denen die ihm allenfalls noch ähnlich sein könnten, er macht keine Ansprüche an die Menschheit und so trennt er sich von den Menschen. Dieses gilt so gut vom sittlichen als vom künstlichen, denn da alle Handlungen des Menschen aus Einer Quelle kommen so gleichen sie sich auch in allen ihren Ableitungen.

Und so edler Diderot wollen wir bei deinem Ausspruch beruhen, indem wir ihn verstärken.

Der Mensch verlange nicht Gott gleich zu sein, aber er strebe sich als Mensch zu vollenden. Der Künstler strebe nicht ein Naturwerk aber ein vollendetes Kunstwerk hervor zu bringen.

Irrtümer und Mängel

K a r i k a t u r . Es gibt Karikaturen der Farbe wie der Zeichnung und alle Karikatur ist im bösen Geschmack.

Wie eine solche Karikatur möglich sei, und worin sie sich von einer eigentlich disharmonischen Farbengebung unterscheide, läßt sich erst deutlich aus einander setzen, wenn wir über die Harmonie der Farben und den Grund, worauf sie beruht, einig geworden; denn es setzt voraus daß das Auge eine Übereinstimmung anerkenne, daß es eine Disharmonie fühle und daß man, woher die beiden entstehen, unterrichtet sei. Alsdann sieht man erst ein, daß es eine dritte Art geben könne, die sich zwischen beide hinein setzt. Man kann mit Verstand und Vorsatz von der Harmonie abweichen und dann bringt man das Charakteristische hervor, geht man aber weiter, übertreibt man diese Abweichung, oder wagt man sie ohne richtiges Gefühl und bedächtige Überlegung, so entsteht die Karikatur, die endlich Fratze und völlige Disharmonie wird und wofür sich jeder Künstler sorgfältig hüten sollte.

Individuelles Kolorit. Warum gibt es so vielerlei Koloristen? indessen es nur Eine Farbenmischung in der Natur gibt.

Man kann nicht eigentlich sagen daß es nur Ein Kolorit in der Natur gebe, denn beim Worte Kolorit denken wir uns immer zugleich den Menschen der die Farbe sieht, im Auge aufnimmt und zusammen hält. Aber das kann und muß man annehmen, um nicht in Ungewißheit des Raisonnements zu geraten, daß alle gesunde Augen alle Farben und ihr Verhältnis ohngefähr überein sehen. Denn auf diesem Glauben der Übereinstimmung solcher Apperzeptionen beruht ja alle Mitteilung der Erfahrung.

Daß aber auch in den Organen eine große Abweichung und Verschiedenheit in Absicht auf Farben sich befindet, kann man am besten bei dem Maler sehen, der etwas ähnliches mit dem was er sieht hervor bringen soll. Wir können aus dem Hervorgebrachten auf das Gesehene schließen und mit Diderot sagen:

Die Anlage des Organs trägt gewiß viel dazu bei. Ein zartes und schwaches Auge wird sich mit lebhaften und starken Farben nicht befreunden und ein Maler wird keine Wirkungen in sein Bild bringen wollen die ihn in der Natur verletzen; er wird das lebhafte Rot, das volle Weiß nicht lieben, er wird die Tapeten, mit denen er die Wände seines Zimmers bedeckt, er wird seine Leinwand mit schwachen, sanften und zarten Tönen färben und gewöhnlich durch eine gewisse Harmonie ersetzen was er euch an Kraft entzog.

Dieses schwache, sanfte Kolorit, diese Flucht vor lebhaften Farben, kann sich, wie Diderot hier angibt, von einer Schwäche der Nerven überhaupt herschreiben. Wir finden daß gesunde, starke Nationen, daß das Volk überhaupt, daß Kinder und junge Leute sich an lebhaften Farben erfreuen; aber eben so finden wir auch daß der gebildetere Teil die Farbe flieht, teils weil sein Organ geschwächt ist, teils weil er das auszeichnende, das charakteristische vermeidet.

Bei dem Künstler hingegen ist die Unsicherheit, der Mangel an Theorie oft Schuld wenn sein Kolorit unbedeutend ist. Die stärkste Farbe findet ihr Gleichgewicht, aber nur wieder in einer starken Farbe und nur wer seiner Sache gewiß wäre wagte sie neben einander zu setzen. Wer sich dabei der Empfindung, dem Ohngefähr überläßt bringt leicht eine Karikatur hervor, die er, in so fern er Geschmack hat, vermeiden wird; daher also das Dämpfen, das Mischen, das Töten der Farben, daher der Schein von Harmonie die sich in ein Nichts auflöst, anstatt das Ganze zu umfassen.

Warum sollte der Charakter, ja selbst die Lage des Malers nicht auf sein Kolorit Einfluß haben? Wenn sein gewöhnlicher Gedanke traurig, düster und schwarz ist, wenn es in seinem melancholischen Kopf und in seiner düstern Werkstatt immer Nacht bleibt, wenn er den Tag aus seinem Zimmer vertreibt, wenn er Einsamkeit und Finsternis sucht, werdet ihr nicht eine Darstellung zu erwarten haben die wohl kräftig aber zugleich dunkel, mißfarbig und düster ist? Ein Gelbsüchtiger, der alles gelb sieht, wie soll der nicht über sein Bild denselben Schleier werfen den sein krankes Organ über die Gegenstände der Natur zieht und der ihm selbst verdrießlich ist, wenn er den grünen Baum, den eine frühere Erfahrung in die Einbildungskraft drückte, mit dem gelben vergleicht, den er vor Augen sieht?

Seid gewiß, daß ein Maler sich in seinem Werke eben so sehr, ja noch mehr, als ein Schriftsteller in dem seinigen zeige. Einmal tritt er wohl aus seinem Charakter, überwindet die Natur und den Hang seines Organs. Er ist wie ein verschloßner, schweigender Mann, der doch auch einmal seine Stimme erhebt; die Explosion ist vorüber, er fällt in seinen natürlichen Zustand in das Stillschweigen zurück. Der traurige Künstler, der mit einem schwachen Organ geboren ist, wird wohl Einmal ein Gemälde von lebhafter Farbe hervor bringen, aber bald wird er wieder zu seinem natürlichen Kolorit zurückkehren.

Unterdessen ist es schon äußerst erfreulich, wenn ein Künstler einen solchen Mangel bei sich gewahr wird und äußerst beifallswürdig wenn er sich bemüht ihm entgegen zu arbeiten. Sehr selten findet sich ein solcher und wo er sich findet, wird seine Bemühung gewiß belohnt und ich würde ihm nicht, wie Diderot tut, mit einem unvermeidlichen Rückfall drohen, vielmehr ihm, wo nicht einen völlig zu erreichenden Zweck, doch einen immerwährenden glücklichen Fortschritt versprechen.

Auf alle Fälle wenn das Organ krankhaft ist, auf welche Weise es wolle, so wird es einen Dunst über alle Körper verbreiten, wodurch die Natur und ihre Nachahmung äußerst leiden muß.

Nachdem also Diderot den Künstler aufmerksam gemacht hat was er an sich zu bekämpfen habe, so zeigt er ihm auch noch die Gefahren die ihm in der Schule bevorstehen.

Einfluß des Meisters. Was den wahren Koloristen selten macht ist daß der Künstler sich gewöhnlich Einem Meister ergibt. Eine undenkliche Zeit kopiert der Schüler die Gemälde des Einen Meisters, ohne die Natur anzublicken, er gewöhnt sich durch fremde Augen zu sehen und verliert den Gebrauch der seinigen. Nach und nach macht er sich eine gewisse Kunstfertigkeit die ihn fesselt und von der er sich weder befreien noch entfernen kann; die Kette ist ihm ums Auge gelegt, wie dem Sklaven um den Fuß, und das ist die Ursache daß sich so manches falsche Kolorit verbreitet. Einer der nach la Grenee kopiert wird sich ans glänzende und solide gewöhnen, wer sich an le Prince hält wird rot und ziegelfarbig werden, nach Greuze grau und violett, wer Chardin studiert ist wahr! Und daher kommt diese Verschiedenheit in den Urteilen über Zeichnung und Farbe selbst unter Künstlern; der eine sagt daß Poussin trocken, der andere daß Rubens übertrieben ist, und ich, der Liliputianer, klopfe ihnen sanft auf die Schulter und bemerke daß sie eine Albernheit gesagt haben.

Es ist keine Frage daß gewisse Fehler, gewisse falsche Richtungen sich leicht mitteilen, wenn Alter und Ansehen besonders den Jüngling auf bequeme, unrechte Wege leiten. Alle Schulen und Sekten beweisen daß man lernen könne mit andern Augen sehen; aber so gut ein falscher Unterricht böse Früchte bringt und das manierierte fortpflanzt, eben so gut wird auch durch diese Empfänglichkeit der jungen Naturen die Wirkung einer echten Methode begünstigt. Wir rufen dir also wackrer Diderot abermals, so wie beim vorigen Kapitel zu: indem du deinen Jüngling vor den Afterschulen warnst, so mache ihm die echte Schule nicht verdächtig.

Unsicherheit im Auftragen der Farben. Der Künstler, indem er seine Farbe von der Palette nimmt, weiß nicht immer welche Wirkung sie in dem Gemälde hervor bringen wird und freilich! womit vergleicht er diese Farbe, diese Tinte auf seiner Palette? Mit andern einzelnen Tinten, mit ursprünglichen Farben! Er tut mehr, er betrachtet sie an dem Orte wo er sie bereitet hat und überträgt sie in Gedanken an den Platz wo sie angewendet werden soll. Wie oft begegnet es ihm nicht daß er

sich bei dieser Schätzung betrügt! Indem er von der Palette auf die volle
Szene seiner Zusammensetzung übergeht wird die Farbe modifiziert, ge-
schwächt, erhöht, sie verändert völlig ihren Effekt. Dann tappt der Künst-
ler herum, hantiert seine Farbe hin und wieder und quält sie auf alle Wei-
se. Unter dieser Arbeit wird die Tinte eine Zusammensetzung verschied-
ner Substanzen welche mehr oder weniger (chemisch) auf einander wirken
und früher oder später sich verstimmen.

Diese Unsicherheit kommt daher, wenn der Künstler nicht deutlich weiß was er machen soll und wie er es zu machen hat, beides,
besonders aber das letzte, läßt sich auf einen hohen Grad überliefern. Die Farbenkörper, welche zu brauchen sind, die Folge, in welcher sie zu brauchen sind, von der ersten Anlage bis zur letzten
Vollendung, kann man wissenschaftlich, ja beinahe handwerksmä-
ßig überliefern. Wenn der Emaillemaler ganz falsche Tinten auftragen muß und nur im Geiste die Wirkung sieht, die erst durchs Feuer hervor gebracht wird, so sollte doch der Ölmaler, von dem
hauptsächlich hier die Rede ist, wohl eher wissen was er vorzubereiten und wie er stufenweise sein Bild auszuführen habe.

Fratzenhafte Genialität. Diderot mag uns verzeihen daß
wir unter dieser Rubrik das Betragen eines Künstlers den er lobt
und begünstigt aufführen müssen.

Wer das lebhafte Gefühl der Farbe hat heftet seine Augen fest auf das
Tuch, sein Mund ist halb geöffnet, er schnaubt, (ächzt, lechzt,) seine Palet-
te ist ein Bild des Chaos. In dieses Chaos taucht er seinen Pinsel und zieht
das Werk seiner Schöpfung hervor. Er steht auf, entfernt sich, wirft einen
Blick auf sein Werk. Er setzt sich wieder und ihr werdet so die Gegenstän-
de der Natur lebendig auf seiner Tafel entstehen sehen.

Vielleicht ist es nur der deutschen Gesetztheit lächerlich einen
braven Künstler hinter seinem Gegenstande, gleichsam als einen
erhitzten Jagdhund hinter einem Wilde her, mit offnem Munde
schnauben zu sehen. Vergebens versuchte ich das französische Wort
haleter in seiner ganzen Bedeutung auszudrücken, selbst die mehreren gebrauchten Worte fassen es nicht ganz in die Mitte; aber so
viel scheint mir doch höchst wahrscheinlich daß weder Rafael bei
der Messe von Bolsena, noch Coreggio vor dem heiligen Hierony-
mus, noch Tizian vor dem heiligen Peter, noch Paul Veronese vor
einer Hochzeit zu Cana mit offnem Munde gesessen, geschnaubt,

geächzt, gelechzt, gestöhnt, haletiert habe. Das mag denn wohl so ein französischer Fratzensprung sein, vor dem sich diese lebhafte Nation in den ernstesten Geschäften nicht immer hüten kann.

Nachfolgendes ist nicht viel besser.

Mein Freund! geht in eine Werkstatt und seht den Künstler arbeiten. Wenn er seine Tinten und Halbtinten recht symmetrisch, rings um die Palette, geordnet hat, oder wenn nicht wenigstens nach einer Viertelstunde Arbeit die ganze Ordnung durch einander gestrichen ist; so entscheidet kühn daß der Künstler kalt ist und daß er nichts bedeutendes hervor bringen wird. Er gleicht einem unbehülflichen schweren Gelehrten der eben die Stelle eines Autors nötig hat. Der steigt auf seine Leiter, nimmt und öffnet das Buch, kommt zum Schreibetisch, kopiert die Zeile die er braucht, steigt die Leiter wieder hinan und stellt das Buch an den Platz zurück. Das ist fürwahr nicht der Gang des Genies.

Wir selbst haben dem Künstler oben zur Pflicht gemacht die materielle Farbenerscheinung der abgesonderten Pigmente, durch wohlverstandene Mischung, zu tilgen, die Farbe, seinen Gegenständen gemäß, zu individualisieren und gleichsam zu organisieren; ob aber diese Operation so wild und tumultuarisch vorgenommen werden müsse, daran zweifelt wie billig ein bedächtiger Deutscher.

Rechte und reinliche Behandlung der Farben

Überhaupt wird die Harmonie eines Bildes desto dauerhafter sein je sichrer der Maler von der Wirkung seines Pinsels, je kühner, je freier sein Auftrag war, je weniger er die Farbe hin und wieder gehantiert und gequält, je einfacher und, kecker er sie angewendet hat. Man sieht moderne Gemälde in kurzer Zeit ihre Übereinstimmung verlieren, man sieht alte die sich, ohnerachtet der Zeit, frisch, kräftig und in Harmonie erhalten haben. Dieser Vorteil scheint mir nicht sowohl eine Wirkung der bessern Eigenschaft ihrer Farben, als eine Belohnung des guten Verfahrens bei der Arbeit zu sein.

Ein schönes und echtes Wort von einer wichtigen und schönen Sache. Warum stimmst du, alter Freund, nicht immer so mit dem Wahren und mit dir selbst überein? Warum nötigst du uns mit einer Halbwahrheit, mit einem paradoxen Perioden zu schließen?

O mein Freund, welche Kunst ist die Malerei! Ich vollende mit einer Zeile was der Künstler in einer Woche kaum entwirft und zu seinem Un-

glück weis er, sieht er, fühlt er, wie ich und kann sich durch seine Darstel-
lung nicht genug tun. Die Empfindung, indem sie ihn vorwärts treibt,
betrügt ihn über das was er vermag, er verdirbt ein Meisterstück, denn er
war, ohne es gewahr zu werden, auf der letzten Grenze seiner Kunst.

Freilich ist die Malerei sehr weit von der Redekunst entfernt und
wenn man auch annehmen könnte der bildende Künstler sehe die
Gegenstände wie der Redner, so wird doch bei jenem ein ganz anderer Trieb erweckt als bei diesem. Der Redner eilt von Gegenstand
zu Gegenstand, von Kunstwerk zu Kunstwerk, um darüber zu denken, sie zu fassen, sie zu übersehen, sie zu ordnen und ihre Eigen-
schaften auszusprechen. Der Künstler hingegen ruht auf dem Gegenstande, er vereinigt sich mit ihm in Liebe, er teilt ihm das Beste
seines Geistes, seines Herzens mit, er bringt ihn wieder hervor. Bei
der Handlung des Hervorbringens kommt die Zeit nicht in An-
schlag, weil die Liebe das Werk verrichtet. Welcher Liebhaber fühlt
die Zeit in der Nähe des geliebten Gegenstandes verfließen? Welcher echte Künstler weiß von Zeit indem er arbeitet? Das was dich
den Redner ängstigt das macht des Künstlers Glück; da wo du un-
geduldig eilen möchtest fühlt er das schönste Behagen.

Und deinem andern Freunde der, ohne es zu wissen, auf den Gipfel der Kunst gerät und durch Fortarbeiten sein treffliches Werk
wieder verdirbt, dem ist am Ende wohl auch noch zu helfen. Wenn
er wirklich so weit in der Kunst, wenn er wirklich so brav ist, so
wird es nicht schwer halten ihm auch das Bewußtsein seiner Ge-
schicklichkeit zu geben und ihn über die Methode aufzuklären, die
er dunkel schon ausübt, die uns lehrt, wie das beste zu machen sei
und uns zugleich warnt nicht mehr als das beste machen zu wollen.

Und so sei auch für diesmal diese Unterhaltung geschlossen.
Einstweilen nehme der Leser das, was sich in dieser Form geben
ließe, geneigt auf, bis wir ihm sowohl über die Farbenlehre überhaupt, als über das malerische Kolorit im besondern, das Beste was
wir haben und vermögen, in gehöriger Form und Ordnung, mitteilen und überliefern können.

Über tredition

Eigenes Buch veröffentlichen

tredition wurde 2006 in Hamburg gegründet und hat seither mehrere tausend Buchtitel veröffentlicht. Autoren veröffentlichen in wenigen leichten Schritten gedruckte Bücher, e-Books und audio-Books. tredition hat das Ziel, die beste und fairste Veröffentlichungsmöglichkeit für Autoren zu bieten.

tredition wurde mit der Erkenntnis gegründet, dass nur etwa jedes 200. bei Verlagen eingereichte Manuskript veröffentlicht wird. Dabei hat jedes Buch seinen Markt, also seine Leser. tredition sorgt dafür, dass für jedes Buch die Leserschaft auch erreicht wird.

Im einzigartigen Literatur-Netzwerk von tredition bieten zahlreiche Literatur-Partner (das sind Lektoren, Übersetzer, Hörbuchsprecher und Illustratoren) ihre Dienstleistung an, um Manuskripte zu verbessern oder die Vielfalt zu erhöhen. Autoren vereinbaren direkt mit den Literatur-Partnern die Konditionen ihrer Zusammenarbeit und partizipieren gemeinsam am Erfolg des Buches.

Das gesamte Verlagsprogramm von tredition ist bei allen stationären Buchhandlungen und Online-Buchhändlern wie z. B. Amazon erhältlich. e-Books stehen bei den führenden Online-Portalen (z. B. iBookstore von Apple oder Kindle von Amazon) zum Verkauf.

Einfach leicht ein Buch veröffentlichen: **www.tredition.de**

Eigene Buchreihe oder eigenen Verlag gründen

Seit 2009 bietet tredition sein Verlagskonzept auch als sogenanntes "White-Label" an. Das bedeutet, dass andere Unternehmen, Institutionen und Personen risikofrei und unkompliziert selbst zum Herausgeber von Büchern und Buchreihen unter eigener Marke werden können. tredition übernimmt dabei das komplette Herstellungs- und Distributionsrisiko.

Zahlreiche Zeitschriften-, Zeitungs- und Buchverlage, Universitäten, Forschungseinrichtungen u.v.m. nutzen diese Dienstleistung von tredition, um unter eigener Marke ohne Risiko Bücher zu verlegen.

Alle Informationen im Internet: **www.tredition.de/fuer-verlage**

tredition wurde mit mehreren Innovationspreisen ausgezeichnet, u. a. mit dem Webfuture Award und dem Innovationspreis der Buch Digitale.

tredition ist Mitglied im Börsenverein des Deutschen Buchhandels.

Dieses Werk elektronisch lesen

Dieses Werk ist Teil der Gutenberg-DE Edition DVD. Diese enthält das komplette Archiv des Projekt Gutenberg-DE. Die DVD ist im Internet erhältlich auf **http://gutenbergshop.abc.de**

Zeitfracht Medien GmbH
Ferdinand-Jühlke-Straße 7
99095 Erfurt, Deutschland
produktsicherheit@kolibri360.de